Ernst Leisi

Freispruch für die Schweiz

Gewidmet der Regierung des Kantons Thurgau.

Ernst Leisi

Freispruch für die Schweiz

Erinnerungen und Dokumente entlasten die
Kriegsgeneration

3. Auflage.

Huber Verlag Frauenfeld

Die Deutsche Bibliothek – CIP-Einheitsaufnahme

Leisi, Ernst:
Freispruch für die Schweiz / Ernst Leisi. – Frauenfeld : Huber, 1997
ISBN 3-7193-1125-2

1. Auflage Januar 1997
2. erweiterte Auflage Mai 1997
3. Auflage September 1997

© 1997 Huber Verlag, Frauenfeld

Das Werk einschliesslich aller seiner Teile ist urheberrechtlich geschützt. Jede Verwertung ist ohne Zustimmung des Verlags unzulässig. Das gilt insbesondere für Vervielfältigungen, Übersetzungen, Mikroverfilmungen und die Einspeicherung in elektronische Systeme.

Schutzumschlag: Barbara Ziltener
Gesamtherstellung: Huber & Co. AG,
Grafische Unternehmung und Verlag, CH-8501 Frauenfeld

Printed in Switzerland

Inhalt

Dank 6
Was will dieses Buch? 7

1. Vorspiel: Die Spanienfahrer 11
2. Alfred Huggenberger 19
3. Die grosse Versuchung 24
4. Die Landi 32
5. Der Aktivdienst 37
6. Die Luftkämpfe zwischen Schweizern
   und Deutschen 48
7. Die Evakuationen im Mai 1940 56
8. Gefahren, wirkliche und vermutete 63
9. Die Flüchtlinge 81
10. Die Internierten 108
11. Wie viel wussten die Schweizer? 114
12. Die Erschiessungen 124
13. Die damalige Mentalität 129
14. Caritas 135
15. Sammelsurium 148
16. Unser Image in Europa 157
17. Wie kam es zur «sündigen Schweiz»? 166

Register 180

Dank

Den folgenden schulde ich ganz besonderen Dank, sei es für Informationen, sei es für wertvolle Bücher, kritische Einwände, Bestätigungen, Erinnerungen, Übersetzungen, Abdruckserlaubnisse, bohrende Fragen, Korrekturarbeiten, etc. etc.

Sie werden mir – grosszügig wie sie sind – verzeihen, wenn ich weder ihre Verdienste im einzelnen noch ihre Titel nenne, vielmehr ihre Namen nur in alphabetischer Reihenfolge aufzähle:

Hermann Lei sen., Hermann Lei jun., Ilse Leisi, Marcel Maier, Adolf Reinle, Walter Schaufelberger, Alfred Schefer, Albert Schoop, Hugo Schwaller, Peter Stadler, Marco Steiner, Rita und Heiner Sträuli, Ursula Straumann, Hans-Peter und Matthias Straumann, Ernst Wetter.

Dem Verlag danke ich herzlich für seine Bereitschaft, dieses Buch herauszubringen, sowie für sein freundliches Entgegenkommen in zahlreichen Einzelfragen.

E. L.

Noch eine Kunde, die letzte bleibt zu melden,
und dann ist meine Chronik abgeschlossen...
'S war nicht umsonst, dass Gott zum Zeugen
vieler Jahre mich erkoren...
Erfahren werden so die jungen Enkel,
was in der Heimat einst sich abgespielt.

Boris Godunow. In Pimenns Zelle.

Was will dieses Buch?

Die Kriegsgeneration – die Gesamtheit der Schweizer, die zwischen 1939 und 1945 erwachsen waren – sitzt auf der Anklagebank. Es geht zu wie beim alten Inquisitionsprozess: Die Ankläger, seien sie nun Medien, Behörden, Schriftsteller, Pfarrer oder Privatpersonen, sind gleichzeitig auch die Richter. Immer wieder donnert es von ihrem Stuhl auf die Angeklagten nieder: Die Zeit von 1933–1945 war «ein düsteres Kapitel», «kein Ruhmesblatt für die Schweiz», «eine Schande für uns».

Die Angeklagten haben zwar das Gefühl, mehr, sie wissen mit Sicherheit, dass es so nicht stimmt; viele von ihnen sind aber nachgerade so erschöpft oder verdattert, dass sie sich kaum mehr wehren. Ja, einige haben sich bereits die Version der Richter und Ankläger zu eigen gemacht, schlagen sich ebenfalls an die Brust und bekennen sich als Sünder.

In der normalen demokratischen Justiz bekommt jeder schlichte Räuber oder Dieb einen Verteidiger; seine Schuld muss erwiesen, nicht nur vermutet sein, bevor er verurteilt werden kann (Menschenrechte, Artikel 11). Auch gibt es mildernde Umstände und Verjährungsfristen. Nicht so hier: Die Kriegsgeneration bleibt auf der Anklagebank sitzen bis sie ausgestorben ist. Von mildernden Umständen ist praktisch nie die Rede.

Wenn ich meine persönlichen Erinnerungen befrage, komme ich zum Schluss, dass viele der Anklagen falsch sind.

Ich habe mich deshalb entschlossen, mich als Zeuge zu melden. Nicht weil ich meine, ich hätte besonders Wichtiges zu sagen. Es sind an sich unwichtige Erinnerungen – ein halbmal lustig, ein halbmal ernst – aber es ist sicher, dass auch ein einziger simpler Zeuge dann nicht schweigen darf, wenn er einem zu Unrecht Angeklagten helfen kann.

Im folgenden nehme ich eine Anzahl von Anklagepunkten, ein gutes Dutzend, vor und setze ihnen meine eigenen Erinnerungen entgegen, die ich, wo immer es möglich ist, durch anerkannte objektive Dokumente ergänze.

Ich hatte begreiflicherweise Hemmungen – Warum soll gerade ich das tun? Es gibt sicher Berufenere – meine aber nach einiger Überlegung, ich hätte eine Anzahl Eigenschaften, die als Qualifikationen gelten können: Das richtige Alter – am Kriegsanfang war ich 21 Jahre alt – dabei noch ein gutes Gedächtnis. Nie habe ich die geringsten Sympathien für die Nazis gehabt. Im Dienst war ich einfacher Soldat, d. h. ich habe mit dem «Volk» gelebt, und gehörte nicht zur «Offizierskaste», wie sie von Max Frisch in seinem «Dienstbüchlein» genannt worden ist. Auch war ich Mitarbeiter am alten «Schweizer Lexikon in 7 Bänden» (um 1950), kenne viele seiner Artikel im Wortlaut und habe dadurch eine gute Vergleichsbasis zum neuen «Schweizer Lexikon in 6 Bänden» (um 1990), das die heute herrschenden Meinungen widerspiegelt. Nach dem Krieg war ich sieben Jahre im Ausland, und zwar wegen meines sehr speziellen Berufs lange Zeit ohne Aussicht, wieder in die Schweiz zurückkehren zu können; dies ist etwas anderes als Auslandaufenthalte ferienhalber und mit baldiger Rückkehr. Ich habe die Schweiz auch von aussen gesehen und weiss einiges über ihr Image in Europa.

Das klingt alles ein wenig geschwollen; aber ich muss es dennoch sagen, weil ich gegen die fest etablierte Meinung einer ganzen Generation angehe und massive Zweifel an meinen Feststellungen erwarte. Ich habe, um diese Zweifel nach Kräften zu zerstreuen, in meinen Berichten mit Details nicht gespart. Sollte jemand der Meinung sein, ich hätte diese Details erfunden, so sage ich ihm «Dank der Ehre»: Hätte ich die Phantasie, die für so etwas nötig ist, so wäre ich ein ernsthafter Kandidat für den nächsten Literatur-Nobelpreis.

So wie es ist, sind meine Erinnerungen alle authentisch; nichts ist dazuerfunden. Ich mag mich in winzigen Details täuschen, aber nicht in dem, was für meine Argumentation wichtig ist.

Mit diesen Erinnerungen, unterstützt durch zuverlässige Dokumente, hoffe ich einiges zu *erhellen*, und zwar in doppeltem Sinn: Zahlreiche heute vergessene aber wichtige Details wieder sichtbar zu machen, und, was mein letztes Ziel ist: eine historische Landschaft, die heute düster verhangen ist, wieder mit etwas Sonne zu füllen.

Schon lange hatte ich beabsichtigt, etwas über dieses Thema zu schreiben. Endgültig entschlossen habe ich mich dann nach dem Friedenstag, dem 8. Mai 1995. Ich hatte erwartet, dass man bei diesem Anlass all den Leuten danken werde, die sich während der Kriegszeit uneigennützig für unser Land eingesetzt haben. Statt dessen kam eine Welle von Anklagen und Selbstbezichtigungen – in den Medien, aber auch von behördlicher Seite.

Eine der wenigen Ausnahmen war die Regierung des Kantons Thurgau, die an jenem Erinnerungstag ihren alten Soldaten – es waren noch etwa fünftausend – dankte und sie zu einem «Spatz» in die Frauenfelder Festhütte einlud. Ich widme deshalb dieses kleine Buch mit meinem herzlichen Dank der Regierung des Kantons Thurgau.

Dienen soll es – als Gedächtnisstütze und Stärkung – in erster Linie der älteren Generation, die lange zu Unrecht beschuldigt worden ist. Um das auch äusserlich zu zeigen, habe ich den Druck etwas grösser als sonst gewählt.

Alle Schweizer der mittleren Generation, die aufgeschlossen genug sind, auch andere als die vorherrschenden Meinungen zu hören und zu prüfen, sind als Leser gleichermassen willkommen.

Ich denke aber auch an die jüngste Generation, die sich eben für die eigene Geschichte zu interessieren beginnt und Anspruch auf korrekte und ausgewogene Information hat. Sie soll ein möglichst unverfälschtes Bild davon erhalten, «was in der Heimat einst sich abgespielt».

Frühjahr 1996.   Ernst Leisi

Zur zweiten und dritten Auflage

Wie das obenstehende Datum zeigt, wurde die erste Auflage dieses Buches schon im Frühjahr 1996 abgeschlossen. Erschienen ist sie Ende Januar 1997. Schon kurz danach, im Mai 1997, ist eine neue Auflage nötig geworden. Damit ergab sich die Gelegenheit, zu den seit dem Herbst 1996 erschienenen Berichten und lautgewordenen Vorwürfen Stellung zu nehmen. Ergänzt wurden besonders die Kapitel «Die Flüchtlinge» und «Caritas», unter anderem im Hinblick auf neu bekanntgewordene Zahlen. Die dritte Auflage ist gegenüber der zweiten nicht verändert.

August 1997.   Ernst Leisi

1. Vorspiel: Die Spanienfahrer

Wie man es heute darstellt:

Im Juli 1936 brach der Spanische Bürgerkrieg aus, veranlasst durch die Revolte von Franco. Dabei wehrten sich die (linken) Republikaner längere Zeit gegen die faschistische Übermacht. Wegen der systematischen Hilfe durch das faschistische Italien und Deutschland (Legion Condor, grausame Luftangriffe, u. a. auf die offene Stadt Guernica) unterlagen schliesslich die Republikaner.

Schon bald nach dem Anfang der Kampfhandlungen eilten Menschen aus anderen europäischen Nationen den Republikanern zu Hilfe. Auch ein Schweizer Kontingent von ca. 700 Mann kämpfte gegen den Faschismus mit. Als sie aber in die Schweiz zurückkehrten, mussten sie eine bittere Enttäuschung erleben: Der Bundesrat verschärfte die Gesetze betreffend fremde Dienste und liess sie einsperren. So grenzte man in der «Heimat» die tapferen Kämpfer gegen den Faschismus aus, aus Anpassung oder aus offener Parteinahme für den Faschismus. Dies war der Tenor der Ausstellung «Spanienkämpfer» im Sommer 1994 im Stadthaus Zürich; es war auch der Tenor verschiedener Gedenkreden. Und es ist das, was heute die Mehrheit der Schweizer glaubt.

Also: «Kein Ruhmesblatt für die Schweiz».

Meine Erinnerungen sind anders:

Zuerst ein sprachliches Detail: Heute wird stets von den «Spanienkämpfern» gesprochen; damals wurden sie von der Mehrheit der Bevölkerung (neutral) «Spanienfahrer» genannt.

Während man heute in bezug auf den spanischen Bürgerkrieg «klar» zwischen gut und böse zu unterscheiden pflegt, war es zur Zeit des Krieges selbst, also 1936 und unmittelbar danach, nicht so. Die Mehrheit der Schweizer nämlich hatte für *beide* Parteien des spanischen Bürgerkrieges wenig Sympathie. Für Franco gab es – wegen der Verbrechen seiner Gegner, von denen noch zu reden sein wird – anfangs ein gewisses Verständnis; er wurde vielerorts als Retter, und sein Eingreifen als Akt des Widerstandsrechts empfunden. Diese ursprüngliche Sympathie verminderte sich aber sehr rasch, als Verletzungen des Kriegsrechts, wie grausame Massenerschiessungen, bekannt wurden, und vollends, als die italienischen Faschisten und die deutschen Nationalsozialisten mit Bombardierungen der Zivilbevölkerung (u. a. der Stadt Guernica) «mitzuhelfen» begannen.

Es stimmt, dass die (linken) Republikaner am Anfang des Krieges formell die legale Regierung verkörperten. Man wusste aber auch, dass sie sich unmenschliche Gewalttaten, besonders gegen katholische Geistliche, Mönche und Nonnen hatten zuschulden kommen lassen. In meiner Familie erinnert man sich noch genau an die damaligen erschütternden Zeitungsnachrichten von Plünderungen von Klöstern und Ermordung von Nonnen – von Vorgängen also, die an die Russische Revolution erinnerten. Tatsächlich bestand bei mindestens einer Gruppe der Republikaner die Absicht, auch in Spanien die Diktatur des Proletariats nach sowjetischem Muster zu errichten («the dictatorship of the proletariat», «Encyclopaedia Britannica», 1974, p. 441). Nur ein kleiner Teil der Schweizer sah dem mit Freuden entgegen; dazu war die Erinnerung an die Vorgänge in Russland zu lebendig – im Gegensatz zu denen in Deutschland, die teils noch nicht geschehen waren, teils nicht geglaubt wurden.

Was die heutigen Darstellungen der Dinge betrifft, ist es instruktiv, die beiden «Schweizer Lexika» zu vergleichen, das siebenbändige von 1950 und das sechsbändige von 1992:

Das ältere «Schweizer Lexikon», 1950, schreibt:

«Auf beiden Seiten wurde der Krieg mit äusserster Grausamkeit geführt:
... auf republikanischer Seite: Ermordung u. a. von 10 Bischöfen und Tausenden von Priestern, Ordensfrauen und Zivilpersonen, Einäscherung zahlreicher Kirchen; auf nationalistischer Seite: Massenerschiessungen z. B. in Badajoz, Bombardierung der ersten offenen baskischen Stadt Guernica durch die deutsche Legion Condor usw.»

Hier werden also beide Seiten kritisch betrachtet. Was die Zuverlässigkeit dieses Textes betrifft, kann ich hinzufügen, dass ich selbst eine Zeitlang beim alten «Schweizer Lexikon» arbeitete und den für diesen Artikel verantwortlichen Redaktor gut kannte; für seine Integrität kann ich mich verbürgen.

Vier Jahrzehnte später tönt es dann anders und einseitig. Im neuen «Schweizer Lexikon» (1992) ist der Bericht über die Vorgänge auf republikanischer Seite verkürzt zu:

«Schwere Unruhen erschütterten das Land.»

Worauf der Text sogleich zur Schilderung der Franco-Zeit übergeht.

Ähnlich das «DTV-Lexikon» (1980): Es folgt (im Band 17) zuerst fast wörtlich dem Muster des alten «Schweizer Lexikons»: «Der Bürgerkrieg war auf beiden Seiten mit äusserster Grausamkeit geführt worden.» Das folgende aber, die Nennung der Grausamkeiten, ist dann weggelassen. Ebenso diskret ist die «Encyclopaedia Britannica» von 1974: Dort ist nur summarisch von «versagender Kontrolle» durch die rote Regierung die Rede. Ein wenig deutlicher wird die «Encyclopaedia Americana» (1975): «prisons were forced open, and church buildings were attacked». Auch in der 12bändigen «Propyläen-Weltgeschichte», von der man detaillierten Bericht erwarten könnte, steht nur: «steigerte sich der innere Dauerkonflikt rasch zu bürgerkriegsmässigen Auseinandersetzungen, denen die Regierung nicht gewachsen war» – wobei der Eindruck entsteht, die Regierung hätte ihre Gegner nicht bändigen können, statt, wie in Wirklichkeit, ihre eigenen Parteigänger.

Nur zufällig und aus ganz entlegenen Quellen erfährt man heute noch die eine oder andere Tatsache. Zum Beispiel aus den einleitenden Abschnitten von Reisehandbüchern. In Fodors Reiseführer «Spain» (1984) finden sich die Wörter ‹violence› (Gewalt), ‹arson, particularly of churches› (Brandstiftung, besonders an Kirchen). Aus Goldstadts «Südspanien» entnimmt man, dass der spanische Staatsschatz «nach Moskau entführt» worden sei, erfährt also – nebenbei und indirekt – von der Mitwirkung der Sowjetunion: dieser Staatsschatz war nämlich der Preis für die Lieferung von Kriegsmaterial.

In einem Roman bin ich unvermutet auf eine konkrete Schilderung gestossen, Mary Wesley: «The Camomile Lawn», Macmillan 1984, Black Swan Ed., p. 27. Natürlich bestehen Romane aus Fiktion; aber hier stimmt diese zu anderen Quellen. Ein englischer Spanienkämpfer erinnert sich:

> Einer meiner Freunde verbrannte zusammen mit seinen Kameraden einen Priester: sie machten ein Feuer und verbrannten ihn. Hat das etwas genützt? Der Witz dabei: es kam heraus, dass er einer von unserer Partei gewesen war. Grausamkeiten sind ein Witz, ohne sie kann man nicht überleben. Wir alle begingen Grausamkeiten, wir und die anderen. Hoben so eine Grube aus, machten drin ein Feuer, stiessen sie hinein und brieten sie...

Andere literarische Quellen sind: Arthur Koestler: «Ein spanisches Testament», und Ernest Hemingway: «Wem die Stunde schlägt» (im Kapitel 10 der Bericht über eine festlich-rituell aufgezogene «Hinrichtung» von 20 Faschisten).

Einer der berühmtesten antifaschistischen Spanienkämpfer war George Orwell, der später (1949) in seinem utopischen Roman «1984» das unmenschliche Gesicht totalitärer Diktaturen schonungslos enthüllte. Er schildert seine spanischen Erfahrungen in «Homage to Catalonia» (1938). Daraus erfährt man viele Einzelheiten aus jenem Krieg. Einen erschütternden Eindruck macht die Tatsache, dass die antifaschistischen Kräfte unter sich uneins waren und einander ebenso unbarmherzig bekämpften wie den gemeinsamen Feind. Als die Milizionäre, denen Orwell angehörte, nach sechs entbehrungsreichen und gefährlichen Monaten an der Zaragoza-Front nach Barcelona in den Urlaub entlassen wurden, wurden sie von den dort an der Macht Befindlichen – Anarchisten und Kommunisten – zu Tausenden gefangen genommen. Sie wurden in Gefängnissen gehalten, in denen es keine Hygiene und keine ärztliche Fürsorge gab; viele von ihnen wurden plötzlich herausgeholt und ohne rechtliches Gehör erschossen – wegen angeblicher Zusammenarbeit mit dem Feind, gegen den sie eben noch gekämpft hatten.

Die öffentliche Meinung in der Schweiz ist bis heute von einseitigen Darstellungen gelenkt worden: Immer noch wird laufend an die Greuel der Franco-Partei erinnert; diejenigen der Republikaner dagegen werden entweder ganz verschwiegen, oder aber als «begreifliche» Reaktion darauf dargestellt, dass die Kirche den Grossgrundbesitz und seine Parteigänger unterstützt habe.

Gut erinnere ich mich, dass man in der Schweiz diesen Bürgerkrieg mit Zorn und Ohnmacht verfolgte – ähnlich wie zu unserer Zeit die Vorgänge im ehemaligen Jugoslawien. Man musste hilflos zusehen, wie ein Volk in die Barbarei zurückfiel und ein Land zugrunde ging. Und man – das heisst die Mehrheit der Schweizer Bevölkerung – konnte sich, wie gesagt, mit keiner Seite identifizieren. Mit Franco nicht, weil er viel Unmenschliches auf dem Gewissen hatte, weil er mit den deutschen und italienischen Faschisten gemeinsame Sache machte, und weil unzählige erstrangige Künstler und Autoren teils durch ihre Werke, teils durch ihre Emigration sich entschieden von ihm abwendeten. Aber man konnte auch – angesichts der schweren Schuld, die sie auf sich geladen, und von der damals noch offen gesprochen wurde – mit den Republikanern nicht sympathisieren. Es galt bei der Mehrheit der Schweizer, was der unvergessliche Bö als Titel eines Buches formuliert hat: *«Gegen rote und braune Fäuste»*, d. h. man war gegen Gewalt von rechts *und* links.

Heute hat man Schwierigkeiten, das zu verstehen. Man folgt, besonders in der Politik, gern dem Leitsatz, dass jemand, der mit den Gegnern von X – in unserem Falle mit den Gegnern von Franco – *nicht* sympathisiert, darum unweigerlich ein Sympathisant von X sein müsse. Darum getraut sich heute kaum jemand zu sagen, er sei kein Freund der Republikaner, weil er befürchten muss, dass daraus konstruiert wird, er sei ein Anhänger Francos, ergo ein Faschist. Das mag ein Grund sein, warum die Kritik an den Gegnern Francos heute so gut wie verstummt ist.

In den Dreissigerjahren aber war es noch möglich, sich von beiden Seiten zu distanzieren. Man sieht das gut, wenn man die Haltung der schweizerischen Katholiken betrachtet. Wegen der Kirchenfeindlichkeit der Republikaner, die bis zum vielfachen Mord ging, waren vor allem die katholischen Zeitungen ihnen gegenüber kritisch bis negativ eingestellt. Daraus zu konstruieren, die schweizerischen Katholiken seien im Prinzip faschistisch gewesen, ist aber natürlich absurd.

Damit zurück zu den schweizerischen Spanienfahrern. In Kenntnis der Gesamtsituation war in den späten Dreissigerjahren die Mehrheit der Schweizer und ihres Parlaments der Meinung, dass man die zurückkehrenden Spanienfahrer wegen ihres subjektiven guten Glaubens (und wegen ihrer unbestreitbaren und imponierenden Tapferkeit) milde bestrafen sollte; ganz amnestieren könne man sie aber nicht, da sie willentlich gegen die bestehenden Gesetze verstossen hätten.

Diese Gesetze wurden nicht etwa ad hoc gemacht; sie galten seit Jahren (z. B. das revidierte Militärstrafgesetz von 1927) und wurden damals nur bekräftigt. Man darf auch nicht vergessen: Es war die Zeit, da ein europäischer Krieg immer wahrscheinlicher wurde und man die eigenen Soldaten lieber zu Hause und erreichbar haben wollte. Heute verschweigt man dies, und dann stellt sich die Sache so dar: Man erliess 1939 – aus Angst und Anpasserei gegenüber den Faschisten – rasch Gesetze, um die antifaschistischen Kämpfer bei ihrer Heimkehr einzusperren. Diese Meinung ist falsch, auch wenn sie von noch so hoher Stelle geäussert wird.

Mehr nebenbei noch dies: Die in diesem Zusammenhang mehrmals gehörte Aussage, «der Bundesrat habe die Kämpfer einsperren lassen», ist aus einem einfachen Grunde falsch. Kein Bundesrat kann Leute einsperren; das können nur die Gerichte. Und bekanntlich haben die Verurteilten damals ein Gnadengesuch gestellt, das im Spätherbst 1939 von der Vereinigten Bundesversammlung behandelt wurde, also von einer unabhängigen und zivilen Instanz. Dort wurde mit überwältigendem Mehr beschlossen, milde und von Fall zu Fall zu urteilen, aber von einer generellen Amnestie abzusehen.

Fazit:

Von einer ungerechten Behandlung verdienter Kämpfer durch eine faschistoide «Heimat» kann nicht die Rede sein.

Noch eine mehr punktuelle Erinnerung: In meiner Rekrutenschule, Herisau Herbst 1938, wurden wir eines Tages durch einen ehemaligen Spanienfahrer über das Verhalten im Kampf instruiert, der zu diesem Zweck bei den verschiedenen Einheiten kleine Kurse gab; ich erinnere mich besonders deutlich an seine ernsthafte Mahnung an uns Infanteristen, *alle* Deckungsmöglichkeiten, auch die kleinsten, konsequent auszunutzen. Dieser Mann ist also nicht etwa «ausgegrenzt» worden, auch im Militär nicht, vielmehr suchte man seine Erfahrungen für die Ausbildung der andern nützlich zu machen; sowohl Kameraden wie Vorgesetzte sind ihm freundlich begegnet.

Später, als Franco und seine Verbündeten die eindeutige Übermacht hatten, wurden seine zahlenmässig unterlegenen Gegner weiterum zu Helden hinaufstilisiert, zur verlorenen Schar im Sinne der Rolands-Nachhut oder der Thermopylen-Kämpfer. Zahllose berühmte Künstler und Gelehrte solidarisierten sich mit ihnen. Es bleibt offen, wie viele von diesen ihr Land hätten verlassen müssen, und wie sich ganz allgemein das Schicksal Spaniens gestaltet hätte, wenn die Ziele der Republikaner verwirklicht worden wären. Der Unwille vieler Historiker, Alternativszenarien zu entwerfen und diese parallel zum tatsächlich Geschehenen zu evaluieren, hat sich leider als stärker erwiesen.

Dass die Zürcher Ausstellung 1994 einseitig war, bestätigt mir schliesslich noch eine kleine persönliche Erinnerung. Ich hörte bei meinem Besuch, wie ein junger Mann, allem Anschein nach einer der Macher, jemandem auf den Vorwurf der mangelnden Ausgewogenheit hin dem Sinne nach antwortete: «Das haben wir gar nicht gewollt.» Ganz im Einklang mit der verbreiteten Lehre, nach der es keine objektive Geschichtsschreibung gebe.

2) Der «Fall» Huggenberger

Der Bauer und Dichter Alfred Huggenberger (1867–1960), wohnhaft in Gerlikon bei Frauenfeld, war berühmt für seine Werke – schweizerdeutsche und hochdeutsche Gedichte, Romane, Theaterstücke –, welche Bodenständigkeit mit bedeutender literarischer Leistung verbanden – fast wie um 1790 der Schotte Robert Burns. Allein, da gab es einen «Fleck».

Das alte «Schweizer Lexikon» (der Band mit H erschien ca. 1950) hält den «Fleck» nicht für wichtig und sagt gar nichts von Huggenbergers angeblicher «politischer Verfehlung». Ebenso die ausführliche Würdigung durch den Feuilletonchef der NZZ, die bei seinem Tode 1960 erschien.

Dreissig Jahre später kam dann die «Vergangenheitsbewältigung»: Das neue «Schweizer Lexikon» (1992) schreibt:

> *«1933–45 liess sich H., polit. eher ein naives Gemüt, von den NS-Kulturpolitikern prakt. widerstandslos als Repräsentationsfigur für die (dann doch grundsätzl. anders geartete) ‹Blut-und-Boden-Literatur› benützen,»*

«Kein Ruhmesblatt für die Schweiz».

Meine Erinnerungen:

Ich bin in Frauenfeld aufgewachsen und hörte schon früh von Huggenberger. Viele seiner Gedichte wurden in der Schule gelesen und rezitiert; Stücke von ihm wurden aufgeführt auf den Laien-Bühnen des Thurgaus und anderswo. Persönlich hatte ich während meiner ganzen Jugendzeit immer wieder

Freude an «Jochens erste und letzte Liebe», einer heute längst vergessenen «Versromanze», in der Bauernliebe und Bauern-Intrigen mit humorvoller und liebender Skepsis geschildert wurden – mit den unübertrefflichen Zeichnungen von Hans Witzig versehen, so dass sie es mit jeder Buschiade aufnehmen konnte.

Im ganzen Thurgau empfand man etwas «Besitzerstolz» auf ihn, weil er das Bäuerische verkörperte und gleichzeitig in die höhere Literatur hinaufreichte und internationale Anerkennung gefunden hatte – seine ersten Gedichte erschienen gedruckt schon 1907, und früh wurde er beim berühmten Staakmann verlegt. Man sah ihn, wenn er in der Stadt war und etwa im «Freihof» noch einen Schoppen nahm, bevor er zu Fuss oder mit dem Pferdewägeli wieder nach seinem Hof in Gerlikon zurückkehrte.

Was nun seinen «Fall» betrifft, weiss ich mit Sicherheit dies: Während der Nazizeit wurde Huggenberger von der Universität Freiburg im Breisgau (also von einer nicht-politischen Instanz) der Erwin-von-Steinbach-Preis (benannt nach dem Baumeister am Strassburger Münster, um 1270) zugesprochen, einer der bedeutendsten Kulturpreise in Süddeutschland. Als ihm die Frage gestellt wurde, ob er diesen Preis annehmen wolle, hat er das als Problem angesehen. Er ging deshalb zum kantonalen Erziehungsdirektor, Regierungsrat Dr. Jakob Müller, und fragte ihn, was er ihm in dieser Situation rate.

Dr. Müller hat ihm dem Sinne nach folgendes gesagt: Nehmen Sie den Preis unbedingt an; jetzt, wo zwischen Deutschland und der Schweiz (besonders dem Grenzkanton Thurgau) so viel Spannungen bestehen, ist eine versöhnliche Geste, die uns nichts schadet, durchaus am Platz. Erst darauf entschloss sich Huggenberger, den Preis anzunehmen.

Man wird sich wundern, woher ich das so genau weiss, aber es ist ganz einfach. Mein Vater war zu jener Zeit Rektor der Kantonsschule Frauenfeld und kam regelmässig mit «seinem» Erziehungsdirektor zusammen; dieser hat ihm das erzählt.

Ein «naives Gemüt» (was in unserer Sprache ein nur wenig beschönigender Ausdruck für einen dummen Menschen ist) hätte anders gehandelt; er hätte die paar hundert Mark ohne Bedenken angenommen. Nicht so Huggenberger. Er war sich des politischen Aspektes der Sache bewusst und wandte sich deshalb an den höchsten Magistraten, der ihm verfügbar war, Dr. Müller, den er wohl auch persönlich kannte. Erst als dieser zustimmte und ihm darüber hinaus sogar dringend zuriet, entschloss er sich, diesen Preis von deutscher Seite anzunehmen. Er hat sich damit als verantwortungsbewusster Mensch gezeigt, der nicht in erster Linie an sich, sondern an seinen Kanton und sein Land dachte. Von «politisch naivem Gemüt» kann nicht die Rede sein.

Es ist Tatsache, dass Huggenberger in jener Zeit noch andere Ehrungen aus Deutschland angenommen hat, was in der Schweiz zum Teil Befremden hervorrief; s. hierüber Schoop, «Geschichte des Kantons Thurgau», S. 341. Über deren Umstände weiss ich nicht Bescheid. Man wird es mir aber nicht verdenken, wenn ich – auf Grund dessen, was ich vom Erwin-von-Steinbach-Preis weiss – annehme, dass er auch dort überlegt gehandelt und an die Schweiz gedacht hat.

Noch ein Wort zur Haltung des Regierungsrats. Man würde sie heute vermutlich verdammen, wie man denn gern (pauschal) alle damaligen versöhnlichen Gesten gegenüber Deutschland verdammt. Die heutige Generation von selbsternannten «Richtern» kann sich mangels Erfahrung und Phantasie schwer in die damalige Situation versetzen. Diese war so:

Die (Deutsch-)Schweizer hatten in der Nazizeit immer mit einem latenten Deutschenhass zu kämpfen. Kein Wunder, denn in Deutschland spielten sich die schlimmen Dinge ab, und von dort kam die Bedrohung. Anderseits hörte man in der deutschen Presse immer wieder den Vorwurf, die Schweizer seien «den Deutschen» feindlich gesinnt, provozierten sie, und müssten dafür früher oder später zur Rechenschaft gezogen werden. Deshalb mussten verantwortungsbewusste Leute es immer wiederholen, an die Adresse der Schweizer: «Die Nazis sind nicht identisch mit den Deutschen». Und an die Adresse der Deutschen: «Wir Schweizer schliessen uns nicht von den Deutschen ab, sondern nur von den Nazis.»

Wie man dies den Deutschen am besten zeigen könne, das war Gegenstand zahlreicher Überlegungen und Kontroversen – u. a. im «Verein für Geschichte des Bodensees», der noch bis in die Vierzigerjahre einen gewissen Kontakt zwischen den Bodenseeländern aufrecht erhielt, und den mein Vater eine Zeitlang präsidierte. Die Ehrung Huggenbergers war nun just eine Gelegenheit, das zu zeigen, was man zeigen wollte, umso mehr als der Preis nicht von einer politischen sondern von einer zivil-kulturellen Instanz verliehen wurde. Es ist anzunehmen, dass dies die Gedankengänge sind, die Regierungsrat Müller veranlassten, Huggenberger zuzureden.

Mit Anpasserei hatte das nichts zu tun; man bekam auf diese Weise etwas «Kredit» bei den Deutschen und konnte um so eher nein sagen, wenn Unmögliches verlangt wurde. Dies war sehr oft der Fall: es gab seit 1933 in rascher Folge immer wieder Situationen, wo die deutsche Presse behauptete, die Schweiz «provoziere» und «hetze gegen Deutschland». Etwa:

- das angriffige Kabarett Pfeffermühle (mit Erika Mann und Therese Giese).
- den Fall Jacobs: ein Jude war von Nazi-Agenten aus Basel nach Deutschland entführt worden und die Schweiz wehrte sich lange und energisch, dass er zurückgegeben wurde.
- den Fall Gustloff: der hohe deutsche Funktionär, Wilhelm Gustloff, war von einem jungen Juden namens Frankfurter

in Davos erschossen worden; das Urteil des schweizerischen Gerichts, «nur» 18 Jahre Zuchthaus (nach dem Krieg wurde Frankfurter freigelassen), wurde von der deutschen Presse als «Provokation sondergleichen» dargestellt.
- das wundervolle, mutige Cabaret «Cornichon», seinetwegen gab es allein um die 20 erbitterte deutsche Noten. S. Elsie Attenhofer: «Cornichon», 2. Auflage, Schaffhausen, Meier 1995. Sowie das standfeste, zu einem grossen Teil aus deutschen Emigranten bestehende Zürcher Schauspielhaus.
- mutige Professoren, die ungeschminkte Berichte vortrugen, allen voran der Historiker Karl Meyer.

Auch die schweizerische Presse mit ihrer langen Reihe von integren Redaktoren war der deutschen Propaganda ein Dorn im Auge. Immer wieder gab es Fehden, und von hoher deutscher Stelle hiess es 1942, man werde die betreffenden Schweizer Journalisten zu gegebener Zeit «in die Steppen Asiens» verbannen. Man fand nach dem Krieg, dass die wichtigsten und mutigsten Schweizer Presseleute auf der «schwärzesten Liste» verzeichnet waren; bei einem deutschen Einmarsch wäre ihnen der Tod sicher gewesen.

Wenn man sich diesen Hintergrund konkret vorstellt, wird es klar, dass gelegentliche freundliche Gesten seitens der Schweiz, mit denen sie sich nicht kompromittierte, dringend nötig waren. Und es zeigt sich auch nebenbei der gewaltige Mut, den viele Schweizer, besonders die Zeitungsleute, durch lange Zeit immer wieder aufbrachten. Wer von den heutigen «Schweiz-Kritikern» würde, unmissverständlich mit dem Tode bedroht, standhaft bleiben? – Zurück zum Thema dieses Kapitels: Der herablassende Vorwurf an Huggenberger, er sei «politisch eher ein naives Gemüt» gewesen, ist angesichts der Tatsachen unberechtigt.

3) Die grosse Versuchung

Was man heute hört:

Viele Schweizer waren traurige Anpasser und wurden halb oder ganz zu Nazis. Es ist eine grosse Schande, dass sich so viele Schweizer von diesen Unmenschen verführen liessen.

Eine notwendige Bemerkung:

Was ich im folgenden sage, muss besonders gegen Missverständnisse abgesichert werden. Ein einfältiger Leser könnte nämlich bei der Lektüre auf die Idee kommen, ich wolle die Nazis in Schutz nehmen, wenn ich von «schönen Seiten» spreche, die die Nazis «gezeigt» hätten. Was ich hier sagen will, ist aber dies:

Das besonders Perfide am Nationalsozialismus war, dass er gewisse gute Dinge für sich vereinnahmte und sich daraus eine hübsche Fassade baute, von der sich nur sehr kritische Menschen nicht täuschen liessen. Oder, bildlich gesagt: Die Nazis waren ein Wolf im Schafspelz; und ich beschreibe im folgenden, wie schön der *Schafspelz* aussah – ich hoffe, niemand wird auf den Gedanken kommen, ich meine den Wolf!

Schon der Name *Nationalsozialismus* wollte ja darauf hindeuten, das man «sozial», also vereint und solidarisch (nicht in rücksichtslosem Konkurrenzkampf, wie in der Wirtschaftskrise) leben wollte; von Zusammenstehen und Solidarität war immer wieder die Rede. Nicht von ungefähr haben sich besonders die Sozialisten an dem (ihre Ideen vereinnahmenden) Namen gestossen. Sie nannten darum die Nazis «Faschisten», und zwar von allem Anfang an. «Schlagt die Faschisten!» hiess der Kampfruf, wenn in den Berliner Strassenkämpfen um 1930 braune und rote Schlägertrupps aufeinanderstiessen.

Bei der Mehrheit der Schweizer dagegen unterschied man stets genau zwischen den (italienischen) Faschisten und den (deutschen) Nationalsozialisten oder Nazis.

Meine Erinnerungen:

Ich muss nun im einzelnen von den Reizen des «Schafspelzes» reden, damit man die Widerstandskraft der überwältigenden Mehrheit der Schweizer besser abschätzen kann. Ich stütze mich dabei auf meine persönlichen Erinnerungen, sowie auf bekannte historische Fakten.

Da ist einmal das «grüne Gesicht» zu nennen, das die Nazis mindestens am Anfang gezeigt haben: Es sollte Schluss gemacht werden mit dem Übergewicht des Städtischen, mit der «Asphaltkultur», wie man es damals nannte. An ihre Stelle sollten treten: Naturliebe, Fortsetzung oder Wiederaufnahme der Wandervogel-Bewegung (von 1900), Singen und Kampieren unter Sternen; die Heide-Poesie («Ja, grün ist die Heide», und viele andere Lieder des Dichters Hermann Löns,, gestorben schon 1914); damit im Zusammenhang: bündische Rituale, Gruppen, Zellen, Banden, sich absetzen vom muffigen Bürgertum der Väter. Man zog aus in «natürlichen», d. h. praktischen Kleidern. Die Burschen trugen kurze Hosen und zeigten braune Knie. Bei den Mädchen war die Hose noch Tabu; sie trugen Röcke, die die Knie züchtig bedeckten. Aber Burschen und Mädchen wanderten zusammen, oft mehrere Tage, ohne dass man ihnen eine Aufsicht mitschickte; man nahm an, dass sie selber auf sich aufpassen konnten.

Die grünen Ideen waren da, als die Nazis noch längst nicht am Ruder waren. Ein kleines Beispiel: Im eben erfundenen Tonfilm begeisterte um 1931, von Lilian Harvey und ihren

Partnern gesungen, ein lustiger Aussteiger-Schlager, den ich noch heute im Ohr habe, abertausende:

Wir zahlen keine Miete mehr,
Wir sind im Grünen zu Haus.
Wenn unser Nest noch kleiner wär,
Uns macht das wirklich nichts aus.

Ein Meter fünfzig im Quadrat,
Wir ham ja wenig Gepäck.
Und wenns hinten nur ein Gärtchen hat
Für Spinat und Kopfsalat,
Dann ziehen wir
Nie wieder
Weg.

Kein Mensch wäre je auf die Idee gekommen, dass diese harmlosen – grünen und einleuchtenden – Ideen später zur Komponente einer unmenschlichen Ideologie würden.

In Verbindung mit der «Natürlichkeit»: «Körperkultur» und *Sport:* Zwar standen die Olympischen Spiele von 1936 unter einem Meer von Hakenkreuz-Flaggen. Das Interesse aber galt, wie bei allen Olympischen Spielen, dem sportlichen Ereignis, das man am Radio oder im Kino miterlebte, wobei man sich in der Schweiz über die Gewinner ohne Rücksicht auf ihre nationale oder rassische Zugehörigkeit freute; erst später kam es mir zum Bewusstsein, was für ein «Flop» und Aerger für die Deutschen es gewesen sein muss, als der «minderrassige» Schwarze Jesse Owens im 100 Meterlauf (10.4), im 200 Meterlauf und ich glaube noch in andern Disziplinen die Goldmedaille davontrug. Keiner, der sich überhaupt für Sport interessierte, konnte an den Olympischen Spielen von 1936 vorbeisehen.

Die Olympischen Spiele fanden in Berlin statt – Berlin war

in den frühen dreissiger Jahren *die* europäische Grossstadt, von welcher Lichterglanz, Originalität, Kunst, Witz und ein Hauch von Verruchtheit ausging. New York, und auch London, waren noch zu weit; Wien war berühmt für Mode und Operette, aber zu wenig «umwerfend»; nur Paris konnte als Konkurrenz noch in Frage kommen. Für die deutschsprachigen Menschen – sofern sie nicht bereits alles Städtische ablehnten – war Berlin das Zentrum.

«Das ist Berlin, die Stadt die jeder kennt,»

sang ein Schlager noch 1938:

*«Grad in den Mittelpunkt der Welt
Hat sie der Herrgott hingestellt.»*

Aus Berlin, dazu aus München und Leipzig, kamen die bekannten deutschen Illustrierten; Kunstwerke der Schwarzweiss-Fotografie, auf gediegenem Glanzpapier; dazu eine Nuance frecher und origineller als unsere biederen einheimischen Produkte. Durch sie wurde die deutsche Tageskultur vielen Schweizern so vertraut, als ob sie selber dazu gehörten. Es bedurfte starker und zielbewusster Kraft, um hier ein schweizerisches Gegengewicht zu bilden; aber das gelang: es gab die «Schweizer Illustrierte», die «Zürcher Illustrierte», «Sie und Er», und den unvergessenen «Schweizer Spiegel», in dem Adolf und Helen Guggenbühl einen Schweizer Lebensstil präsentierten, der nicht mehr am deutschen Ideal – die Hausfrau als «Gnädige», mit einem oder mehreren Dienstmädchen – festhielt, sondern statt dessen das amerikanische Muster einer selbständigen und zu Improvisationen bereiten Hausfrau propagierte.

Und das Unerwartete geschah: das große Schweizer Publikum liess sich vom deutschen Zeitschriftenglanz – der mit dem «Signal» seinen Höhepunkt erreichte –, nicht allzu stark blenden, sondern wandte sich den Schweizer Produkten und ihren Ideen zu.

Ein Gebiet, in welchem grosse deutsche Erfindungen schon vor 1933 gemacht, aber dann von den Nazis vereinnahmt wurden, war die *Technik*. Was schon früher faszinierend gewesen, wurde nun in beeindruckender Weise wiederholt oder weiterentwickelt. Das galt ganz besonders für das *Auto* – die auf der Rennstrecke AVUS donnernden Rennwagen und die funkelnden Limousinen. Und für das *Flugwesen*: Der Zeppelin – seit 1900 da, aber in seinen neuesten Ausführungen, «Graf Zeppelin» und «Hindenburg», ein ästhetisches Wunder –, die DO-X, das zwölfmotorige Riesenflugboot, gebaut für 140 Passagiere, damals etwas ganz Unerhörtes, übrigens nahe der Grenze von Dornier entwickelt; all dies musste faszinieren.

Auch die *Raketentechnik* – heute gern mit den Nazis in Verbindung gebracht – war schon um 1930 weit entwickelt: Namen wie Max Valier (der um 1930 mit seinem Raketen-Eisschlitten 400 km/St. erreicht haben soll und wenig später mit einem Raketenauto tödlich verunglückte) und Hermann Oberth waren bei den entsprechend Interessierten gut bekannt. Der Film: «Frau im Mond» verband romantische Liebe mit präziser Science-Fiction. All dies war vor den Nazis da, aber es wurde von ihnen vereinnahmt, mit dem Effekt, dass man in Europa staunend auf die deutsche Flug- und Raketentechnik blickte und sie bewunderte. Von 1937 an wurde dann in Peenemünde geforscht; aber das war schon so geheim, dass man in der Schweiz kaum davon erfuhr.

Ein Meisterstück der frühen *Fernlenktechnik* war die «Zähringen», ein Panzerkreuzer, welcher der deutschen Flotte als Zielschiff diente, übrigens massgeblich entwickelt von dem genialen Schweizer Ingenieur Fritz Fischer, ab 1933 Professor an der ETH. Dass es (in den frühen Dreissigerjahren) ein

Schiff dieser Grösse gab, das alle möglichen Manöver ausführen konnte, ohne einen einzigen Menschen an Bord zu haben, war ein vielbestauntes Wunder; auch dies, wie so vieles andere, wurde von den Nationalsozialisten vereinnahmt.

Was bereits im ersten Abschnitt (das «grüne Gesicht») angetönt worden ist: Der deutsche *Schlager* (der Tonfilm war um 1929 aufgekommen; Grammophon und Radio waren voll entwickelt) hatte auch in der Schweiz eine ungeheure Breitenwirkung. Man kannte praktisch noch keine Songs aus der angelsächsischen Welt; erst um 1939 wurden einige französische Chansons und englische Songs bekannt und beliebt. Für den ganzen Rest der damaligen jungen Leute war der deutsche Schlager die einzige populäre Speise des Gemüts. Er war die «Hebamme» der Gefühle: er gab den vagen Empfindungen Gestalt und Namen; ihn summte man darum händehaltend im Tea Room oder im einsamen Bett (Über diese «Hebammenfunktion» des Schlagers vgl. Leisi: «Paar und Sprache», S. 92–97). Man begeisterte sich für die deutschen Sänger und Sängerinnen, für Marlene Dietrich, später Zarah Leander. Viele der früheren Schlager waren übrigens von Juden komponiert: selbstverständlich wäre es keinem Schweizer eingefallen, sie deshalb nicht zu lieben und zu singen.

Ein Phänomen, das besonderer Erklärung bedarf, war das Lied *Lili Marleen,* längst vor der Nazi-Zeit gedichtet von Hans Leip (der am Schluss seines Lebens in Fruthwilen oberhalb Ermatingen wohnte). Dieses Lied, gesungen von Lale Andersen, ab 1941 jeden Abend um 9 Uhr vom Soldatensender Belgrad abgespielt, erzählt in etwas unklaren Worten eine Geschichte von Liebe, Trennung und der Hoffnung auf ein geisterhaftes Wiedersehen. Ein Soldat ist der Liebende, aber politisch kann man es sicher nicht nennen. Dieses Lied nun durchbrach alle nationalen Schranken: Soldaten beider Kriegsparteien hörten und sangen es. Es wurde zur Chiffre für alle getrennten Liebenden, die sich zu Tausenden versprachen, abends um neun beim Erklingen von «Lili Marleen» aneinander zu denken.

Was nicht zu vergessen ist: Wenn ein gebildeter Mensch an Deutschland dachte, so geschah das immer vor dem Hintergrund der überlieferten gesicherten deutschen *Kultur*. Man mochte die damals gegenwärtigen Vorgänge beklagen und verdammen, aber immer noch gab es Goethe und Beethoven. Davon zeugten in jener Zeit viele untadelige musikalische Aufführungen. Und ich glaube nicht fehlzugehen, wenn ich sage: Das gängige klassische Schauspiel – etwa ein «Tasso» oder ein «Macbeth» – war in den damaligen Inszenierungen weniger politisch eingefärbt als heute. Andererseits machte man in Deutschland auch raffinierten Gebrauch von der Klassik, indem man sie in propagandistische «Gesamtkunstwerke» einbaute. Ich erinnere mich an eine Film-Wochenschau: der Vormarsch im Kaukasus – das Äusserste, was die deutschen Truppen erreicht hatten – wurde gezeigt, und zum Bild der unabsehbaren Kolonnen von rollenden Panzern hörte man den triumphalen Schluss von Liszts «Les Préludes», kein brutales Triumphgeschrei, sondern gute, ja hinreissende klassische Musik.

Und nun geschah das, was ich beinahe als Wunder bezeichnen möchte: Der durchschnittliche Schweizer sass da, im Kino, vor seinem Radio, vor den raffinierten Illustrierten. Und es gelang ihm, wie dem heiligen Antonius, die Versucher abzuschütteln.

Statt einem innerlichen Anschluss an Deutschland kam es zu einer «Abnabelung» der deutschen Schweiz. Sie ging allerdings nicht ohne Opfer und schoss über ihr Ziel hinaus. Es kam so weit, dass in der Kriegszeit Menschen, die im Tram oder auf der Strasse hochdeutsch sprachen, schief, ja feindselig angesehen wurden. Gräfin Marion Dönhoff, seit jeher Gegnerin Hitlers und nahe Verwandte eines der Verschworenen vom 20. Juli, hat mir erzählt, dass sie es während ihres

Studiums in Basel in den Dreissigerjahren sehr schwer hatte, mit den schweizerdeutsch sprechenden Studenten in Kontakt zu kommen; sie wurde als Deutsche geradezu gemieden. Das war nicht recht, aber es musste sein, denn die deutsche Schweiz hatte sich lange, zu lange, im kulturellen Schlepptau Deutschlands befunden; eine Reaktion war fällig. Dass sie sich allgemein gegen «die Deutschen» statt nur gegen die Nazis wandte, war eine Überreaktion, die aber aus den damaligen Verhältnissen heraus verstanden werden muss.

Zurück zu unserem Thema: Nichts ist falscher als die Idee, die Nazis hätten sich von Anfang als Wölfe mit brutalen Gesichtern unter Totenkopf-Mützen gezeigt und grinsend gefragt: «Wer will mitmachen?». Das Gegenteil ist richtig: sie erschienen, mindestens am Anfang, im Schafspelz, und dieser Schafspelz war teilweise sehr attraktiv. Das war das Perfide.

Es bedurfte einer grossen Scharfsichtigkeit und Standfestigkeit, sich von der hübschen Maske des frühen Nationalsozialismus nicht täuschen zu lassen. Die überwältigende Mehrheit der Schweizer hat diese Eigenschaften aufgebracht; dafür verdient sie höchstes Lob.

4) Die Landi

Wie man es uns darstellt:

An der «Landi», der Schweizerischen Landesausstellung von 1939, herrschte der sogenannte *Landigeist,* ein nicht ganz reinliches Gebräu aus Ausländerfeindlichkeit (Abschottung) und nationalistischer Selbstbespiegelung. Dazu, so Max Frisch in seinem «Dienstbüchlein», «der dezente Geruch von Blut und Boden» – womit eine Verwandtschaft mit dem Nazigeist angedeutet wird. Ganz ähnlich O. F. Walter: «Zeit des Fasans», S. 91: «Die Landesausstellung von 1939... Blut- und Bodenmentalität in schweizerischer Ausprägung.«

Meine persönlichen Erinnerungen:

Ich hatte mir schon früh eine Dauerkarte besorgt und bin im ganzen mehr als ein dutzendmal in der Landi gewesen; darum habe ich viele lebendige und detaillierte Erinnerungen. Zum Teil ging ich aus allgemeinem Interesse; mein spezielles Interesse aber galt der Sektion Physik, wo mein Freund Lienhard Wegmann (1918–1986), damals Assistent am Physikalischen Institut der Universität, später Direktor bei der Firma Balzers, Demonstrationen von Nuklearphysik gab.

Vor allem faszinierte dort – mich und viele andere – die Wilson-Kammer, schon längere Zeit vorher vom Nobelpreisträger Charles Wilson erfunden, aber seither weiterentwickelt, ein Gerät, mit dem die Bahnen von Elementarteilchen sichtbar gemacht werden können. Sie ist eine luftdicht verschliessbare, mit einem Fenster versehene Kammer. Die feuchte Luft, die sich darin befindet, wird plötzlich abgekühlt; dabei schlagen sich mikroskopische Tautröpfchen entlang den Bahnen der elektrischen Teilchen nieder, und diese Bahnen werden – als Miniaturform der heutigen Kondensationsstreifen – deutlich sichtbar; man sieht, welchen Weg die Partikeln gegangen sind, wie sie abgelenkt werden und wodurch.

So etwas zu sehen, war begeisternd. Die Kernphysik war damals weltweit im Kommen: ein Jahr vorher hatte Fermi den Nobelpreis erhalten; Otto Hahn und Lise Meitner hatten einen Durchbruch erzielt. Schon ein kleiner Einblick in die höchst aktive internationale Forschung und in die zuvor unzugänglichen Geheimnisse der Natur war aufregend. Die Idee, dass auch die Schweiz – wenn auch nur in einer Ecke – dabei war, musste einen erfreuen. Aber die Begeisterung war nicht national: es ging hier um etwas, was der Welt gehörte.

Eine noch «patriotischere» Sache war die stärkste Lokomotive der Welt, gebaut in der Schweiz, natürlich elektrisch, die es mit den damals zu Monstren herangewachsenen amerikanischen Dampflokomotiven, etwa dem «Big Boy», ohne weiteres aufnehmen konnte. Einem Menschen zu verbieten, sich an so etwas zu freuen, wäre entweder pervers oder völlig weltfremd.

Dies, aber auch vieles andere, was ich gesehen habe, hat mir einen grossen Eindruck gemacht. Ich habe mich interessiert, mich weitergebildet, mich gefreut, dass es das gebe, und dass das zu einem guten Teil «unser» Werk sei.

Und nun etwas Überpersönliches:

Etwas ganz Wichtiges, was heute verschwiegen wird:
Die Landi war zweigeteilt:
Das Wollishofer Ufer, so kann man sagen, «blickte nach vorn», hier fanden sich Gegenwart und Zukunft: der Höhenweg (über den ich gleich berichte), Wissenschaft und Technik,

also z. B. Maschinenbau, Textilverarbeitung, Chemie, Militärwesen, Ökonomisches und Soziologisches. All dies war untergebracht in modernen, sachlichen Hallen, die in keiner Weise «Heimatstil» verkörperten. Das einzige, was auf der Wollishofer Seite dem reinen Vergnügen diente, war der Schifflibach, ein künstliches Gewässer, das durch die ganze Ausstellung, sogar quer durch einige Hallen ging, auf dessen durch elektrische Pumpen erzeugten Strömung kleine pontonartige Schiffe ein beglücktes Publikum bequem um alle Ecken herum durch die Ausstellung führten.

Anders war das Riesbacher Ufer: es war der Tradition gewidmet, blickte also eher rückwärts (was einem Staat auch erlaubt sein muss). Dort befand sich das berühmte Landidörfli, vergleichbar dem heutigen Ballenberg: hier konnten Heimatgefühle bei Speis und Trank ausgelebt werden. Ich war nur ein oder zweimal dort; ein Abendessen in einem besseren Restaurant hätte sich ein durchschnittlicher Student nicht leisten können. Auch dort kein überrissener Patriotismus, einfach ein gewisses Behagen.

Was von der Mehrheit der Besucher als das Beeindruckendste empfunden wurde, war der «Höhenweg»: ein Weg, teils im Freien, teils durch Hallen, der die Geschichte, das Selbstverständnis und die Probleme der Schweiz zeigte. Hier war es gelungen, auch völlig abstrakte Dinge (etwa statistische Werte) anschaulich darzustellen. Beeindruckend war schon die Eingangsstrasse mit einer darübergehängten ganz einfachen Dekoration, die zugleich mehr als eine Dekoration war: dem «Fahnenhimmel» mit den etwa 3000 Wappen aller schweizerischen Gemeinden. Ich habe nie wieder eine so einleuchtende und hinreissende Darstellung von Einheit in der Vielheit gesehen.

Bei allem Hochgefühl gab es kein aufdringliches Pathos; das konnte der ermessen, der zwei Jahre vorher den deutschen und den russischen Pavillon an der Pariser Weltausstellung gesehen hatte – den deutschen mit seinem wuchtigen Adler, den russischen mit seinem Arbeiter-Paar, das begeistert Sichel und Hammer in die Höhe hält, beide einander gegenübergestellt und sich ganz offensichtlich bedrohend.

Am Höhenweg befand sich weiter die grosse Darstellung der schweizerischen Geschichte in Wandbildern, und dort befanden sich auch sinnfällige Darstellungen aktueller sozialer Probleme. Eine davon, heute vergessen, aber damals viel diskutiert und belacht, war «der achte Schweizer». Jeder achte Schweizer nämlich heiratete in jener Zeit eine Ausländerin. Dies war so dargestellt: sieben Holzmännchen, eine Spanne hoch, als befrackte Bräutigame gekleidet und mit einer hübschen Braut versehen, durften frei auf einem Tisch stehen; der achte dagegen, äusserlich nicht verschieden, stand unter einer Glasglocke: das war der mit der landesfremden Braut.

Sicher würde man das heute als Fremdenfeindlichkeit taxieren – gemeint und verstanden war es aber anders: Männer, lasst euch nicht von den (weniger herben) Ausländerinnen blenden, denkt an unsere eigenen Mädchen und lasst sie nicht sitzen. So war das gemeint, als freundliche Manifestation zugunsten der Frauen – denn ein «Single» zu sein, galt damals bekanntlich nicht als erstrebenswertes Ziel. Ich bin nicht mehr ganz sicher, glaube mich aber zu erinnern, dass der «achte Schweizer» unter der Käseglocke die Erfindung einer Frau war. Von einer «achten Schweizerin» war nirgends die Rede. Wie dem auch sei, ganz allgemein sind Frauen-Fragen, Frauen-Ziele und Frauen-Forderungen an der Landi ebenfalls ernsthaft und ausgiebig diskutiert worden.

Die Kantonaltage, an denen jeweils ein bestimmter Kanton Gast und Mittelpunkt war, förderten den Zusammenhalt – auch die kleinsten und «unbekanntesten» Kantone kamen an die Reihe, und die Welschen, Tessiner und Romanen wurden in Zürich begeistert beklatscht – das war für die spätere dornenvolle Zeit sehr gut.

Fazit:

Dass die Landi die Abschottung oder die Selbstbespiegelung gepredigt hätte, ist unwahr.

Sie war eine Selbstdarstellung der Schweiz, nicht mehr und nicht weniger. Man durfte sich über Erreichtes freuen; das ist sicher legitim.

Die Meinung, es sei dort in «Blut und Boden» gemacht worden, ist falsch. Es gab eine (sachliche, unpathetische) Darstellung der bäuerlichen Kultur, aber auch der städtischen.

Je mehr die Schweiz von aussen her in Frage gestellt wurde, umso mehr musste sie ein Inventar ihrer selbst machen.

Im Zusammenhang mit der Landi gab es übrigens noch etwas, was keineswegs national und in Deutschland schon weitgehend verboten war: Jazz in Fülle, mit Teddy Stauffer als vielbejubeltem Star. Seine Band, die «Original Teddys», bestand zu einem guten Teil aus Musikern, die nicht mehr in Deutschland leben durften oder wollten.

Zum Schluss noch eine sprachliche Bemerkung. Das Wort «Landigeist» ist ganz neu, es stammt etwa aus den 80er Jahren. Auf jeden Fall brauchte man es damals nicht. Es ist auch nicht so, dass von der Landi ein spezieller Geist ausging – umgekehrt: der Geist, der damals in der Schweiz herrschte, fand seinen Ausdruck in der Landi. Falls man den damaligen Geist definieren will: Er war die Antwort auf die grosse Versuchung, die ich im vorigen Kapitel beschrieben habe.

Eine gute Darstellung ist: «Landi», hg. von Robert Naef, Ringier Verlag, ohne Datum (ca. 1979).

5) Der Aktivdienst

Noch während der Landi begann – am 1. September 1939 – der Krieg, und die schweizerischen Militärpflichtigen mussten in den Aktivdienst einrücken. Über diesen Aktivdienst herrschen heute weitherum falsche oder verworrene Begriffe. In seinem «Dienstbüchlein» (1974) zeichnet Max Frisch ein einseitiges und negatives Bild unserer damaligen Armee; dieses ist von vielen Schweizern übernommen worden. Schon kurz nach dem Erscheinen jenes Buches habe ich es in der NZZ (20. September 1974) unter dem Titel «Die Kunst der Insinuation» besprochen. Auch heute stehe ich zu jeder Einzelheit meiner Rezension; ich drucke sie deshalb – abgesehen von wenigen kleinen Korrekturen – hier unverändert ab. Gelegentlich habe ich vom eigentlichen Thema «Aktivdienst» für kurze Zeit abgehen müssen, dann nämlich, wenn auch Frisch das tut.

In seinem «Dienstbüchlein» erzählt uns Max Frisch, wie es in der Schweizer Armee während des Zweiten Weltkrieges zuging. Hinter den oft lesenswerten persönlichen Reminiszenzen steckt ein härterer politischer Kern. Beim Lesen entsteht ungefähr folgender Eindruck: die schweizerische Armee bestand aus zwei «Kasten», oben die herrschende Klasse (Offiziere, Finanz), unten die beherrschte (Mannschaft, Arbeiter), unkritisch, gläubig und «entmündigt». Dementsprechend war der Zweck der Armee weniger die Abwehr eines Angriffs der Faschisten – denn man war ja «oben» schon faschistisch – als vielmehr die Niederhaltung der unteren Kaste. Frisch habe dies seinerzeit nicht gesehen, jetzt aber habe er es gemerkt.

Ich bin weit davon entfernt, die Armee verherrlichen zu wollen. Man soll sie ruhig kritisieren. Aber ich halte, bei allem Respekt für Frisch, seine Darstellung für falsch, obwohl zahlreiche Einzelheiten stimmen. Und gerade die Frage, wie man aus vielen richtigen Einzelheiten ein falsches Gesamtbild aufbauen kann, interessiert mich. Mich interessieren ferner Probleme der geschichtlichen Wahrheit und der Sprache. Im übrigen bin ich, wie Frisch, dabeigewesen, ebenfalls um die 650 Diensttage, ebenfalls bei der Mannschaft. Allerdings bei der Infanterie und nicht bei der Artillerie. Vielleicht gehen die Unterschiede in unserer Erinnerung nur darauf zurück!

Kleinigkeiten und Glaubwürdigkeit

Frisch sagt selbst, dass sein Gedächtnis nicht überall gleich verlässlich sei. Ich helfe ihm gerne nach und beginne mit Kleinigkeiten, weil sie es sind, die einer Darstellung Glaubwürdigkeit geben. Zum Beispiel mit der Patronentasche. Man musste lernen, sie «blind» zuzuknöpfen, «mit Blick auf den Feind im Gelände. Dies alles übten wir.» Es stimmt tatsächlich: man lernte sie zuknöpfen, ohne hinzusehen. Wahrscheinlich sagte auch der Korporal etwas vom Blick auf den Feind. Nur: das war in der ersten Woche der Rekrutenschule. Spätestens nach ein paar Tagen konnte das der Schweizer Soldat, lag auf dem Bauch und wusste dann auch, warum man nicht hinsehen kann. Bei Frisch aber steht er auf Seite 117 (nachdem mehr als die Hälfte des Buches vorbei ist) immer noch da und übt das Zuknöpfen der Patronentasche, den Blick gläubig auf den nicht kommenden «Feind» gerichtet: ein Bild sturen Gehorsams.

Und gleich nochmals zu der Patronentasche. Frisch schreibt: «Unser Kampf gegen Grünspan am Lederzeug. Ein anderes Metall für die Nieten kam offenbar nicht in Frage, es hätte für die Inspektion wenig hergegeben.» Auf gut deutsch: bei der Inspektion musste dem Soldaten eine Unterlassungssünde nachgewiesen werden, um ihn unten zu halten; hierfür eignete sich Messing gut und wurde deshalb nicht durch ein anderes Metall ersetzt. Wieder wahr: es gab Messingnieten. Aber spätestens bei meinem Jahrgang waren die Patronentaschen-Nieten bereits aus Aluminium und gaben keinen Grünspan mehr her. Die Armee hatte sich selbst einer bewährten Schikane beraubt. Allgemeiner gesagt: es hatte sich etwas verändert. Man wird noch sehen, dass es in Frischs Armee keine Veränderungen geben durfte.

Humanität

Nun aber zu wichtigeren Dingen. Wie stand es mit der Humanität? In einer eingeblendeten Zusammenstellung von Verlautbarungen wird das Eidgenössische Kommissariat für Internierung zitiert: «... ist es der schweizerischen Bevölkerung verboten, den Internierten rationierte Lebensmittel ... zu geben ... Ohne spezielle Bewilligung ist den Internierten das Betreten privater Wohnungen untersagt.» Hier hat man es offiziell: die Bräuche waren ziemlich unmenschlich. So stand es mit der angeblichen Insel der Humanität.

Tatsächlich hat es im Internierungswesen schlimme Leute gegeben. Und die zitierte Verlautbarung stimmt. Aber man dürfte vielleicht auch folgendes wissen: Internierungsvorschriften waren keine Schweizer Erfindung, sondern stammten aus einem *internationalen* Abkommen. Und die grosse Mehrheit der Schweizer handhabte diese Vorschriften selbständig und menschlich. Zwei Internierte, die ich gut kannte, wohnten bei einer Frau Schuppli (Betreten privater Wohnungen) und bekamen bei uns zu Hause Brot, Tee und Aufschnitt (rationierte Lebensmittel). Die Internierten hatten auch Gelegenheit, in der Schweiz zu studieren. Frisch weiss das; er redet einmal in einer halben Zeile von Gesprächen mit einem in der Schweiz studierenden Internierten. Aber er sagt es nicht ausdrücklich. Hier wie auch anderswo gewinnt man den Eindruck, Frisch habe vom gleichen Gegenstand zwei separate Erinnerungen: eine alte (persönliche) und eine neue (politische). Die erste sagt: persönlicher Kontakt mit Internierten, die zweite: Verbote, Segregation. Im Konfliktfall hat die zweite den Vortritt.

Kastensystem

Nun aber zum Kern, zum Kastensystem. Auf der einen Seite gab es also die Offiziere, «die schweizerische Finanz und ihre Offiziersgesellschaft», auf der andern die Mannschaft, gläubig und «entmündigt» (das letzte Wort eine Art Leitmotiv, wie auch das Symbol der «Entmündigung», die Mannschaftsmütze). Die Unteroffiziere machen Schwierigkeiten; sie stören die saubere Zweiteilung. Frisch rechnet sie deshalb (ohne dies deutlich zu sagen) nach Bedarf der einen oder andern Klasse zu. Wenn er sagt, dass man «angebrüllt» oder im inneren Dienst schikaniert wurde, gehörten sie zu den Herrschenden; insofern sie Mannschaftsuniform trugen oder zum Beispiel von Beruf Maurer waren, gehörten sie zu den Beherrschten.

Wie zu erwarten, ist das militärische Kastenwesen für Frisch nur ein Teil der allgemeinen gesellschaftlichen Struktur: die militärisch Herrschenden sind auch die Herrscher im Zivil und umgekehrt. Die zivile Stellung der einzelnen Leute muss deshalb der militärischen entsprechen. Da bemerkt man nun zwei Dinge. Erstens macht wieder die Mittelschicht Kummer und wird deshalb reduziert. In Frischs Armee gibt es keine selbständigen Handwerker; der einzige Bauer, den ich gefunden habe, war leicht getarnt als «ein Berner aus der Landwirtschaft». Bei Angestellten wird wieder variiert: gehörte einer zur Mannschaft, so heisst er «kleiner Bürolist», war er dagegen Offizier, so heisst er zum Beispiel «Bankangestellter», und schon ist ein Hauch von Gold da.

Zweitens gibt es wieder Differenzen zwischen persönlicher und politischer Erinnerung. Bei Aufzählungen und wenn es ums Grundsätzliche geht, sind die Offiziere: «Bankier», «Vorsitzender eines Konzerns», «ein starker Mann auf dem Liegenschaftenmarkt» und ähnliche feine Leute; sie kamen «aus Villen», hatten «Dienstmädchen» und «Dienstmänner» und waren nicht gewohnt, «selber Hand anzulegen». In der persönlichen Erinnerung ist dann einer Bankangestellter, einer Bautechniker, einer Volksschullehrer, was ungefähr meiner Erinnerung entspricht. Bei der Mannschaft dasselbe: In den Aufzählungen sind die Soldaten Holzfäller, Knecht, Eisenleger, oder eben «kleiner Bürolist». In den persönlichen Erinnerungen ist dann ein «fetter Kaufmann» da und auch ein paar Akademiker, womit sich für den Volksfreund Frisch «Möglichkeiten des Gesprächs» ergeben.

«Oben» und «unten»

Die politische Erinnerung suggeriert einen hermetischen Abschluss der beiden «Kasten» gegeneinander. Die persönliche berichtet, dass die zivile Stellung sich verändern konnte, während man im Militär bei der Mannschaft blieb. Was bei Frisch nicht zu lesen ist: dass auch damals jeder Schweizer Offizier als Soldat anfangen musste, also irgendwie von der unteren in die obere Kaste gekommen ist.

Oben ging es nicht nur elegant zu, oben war auch die Neigung zum Faschismus am grössten. Frisch zeigt das genau: Intérieur einer «Villa in Zürich-Riesbach», gediegen, mit Zigarren, Kunstkennern, Offizieren, dann, diskret eingeblendet, *Vermutungen:* «offensichtlich ging es darum..., dürfte zugestimmt haben..., gestattet die Vermutung, dass diese Kreise...»

Dass Frischs Sympathie nicht bei den «Herrschenden» liegt, dürfte klar sein. Wo ist sie aber? Bei den «Beherrschten»? Wörter, die er für den Soldaten gebraucht, sind: «Maulesel», «fügsam», «bewaffneter Fötus». So reden, meine ich, nicht einmal die elitären Aristokraten. Bezeichnend die Szene im Wachtlokal, wo alles schläft, während Frisch einsam wacht. Sie waren eben alle noch im Schlaf, glaubten, und merkten nicht, dass sie «entmündigt» wurden. Frisch wirft es sich und den andern vor, dass man nie protestiert habe (Singen vor dem Arrestlokal, Hungerstreik) und dass man wie eine Marionette die Befehle ausführte, «tausendmal die Hand an die Mütze riss» –wobei Frisch wieder einmal die 650 Tage in eins zusammenzieht, wie Büchners Danton, der sich über das beständige Hosenanziehen beklagt.

Einiges wäre zu sagen über die Art, wie «sie uns entmündigten». Dass «sie» aus Furcht vor Solidarisierungen Patrouillen nur aus Leuten zusammensetzten, die sich nicht zu gut kannten und mochten (schon darum Nonsens, weil man bei einer Patrouille keinen Schnauf zum Konspirieren hat). Dass «sie» uns gezielte Redeverbote auferlegten. Nur indirekt wird angedeutet, dass die Mannschaftsuniform der Liebe hinderlich war (mir nie aufgefallen) und dass die Zoten (sexuelle Verkrampfung) aufhörten, wenn man nackt (ohne Uniform) war.

Und die Mannschaft?

Damit wären wir bei der Sprache der Mannschaft. Nach dem Eindruck, den man aus Frisch gewinnt: halb tierisch; kurze Mitteilungen über den Stoffwechsel, wenn man nicht gerade Redeverbot hatte. Wie war das in Wirklichkeit? Natürlich war die Sprache nicht akademisch. Aber Bernsteins Theorie vom *restringierten Code* war noch nicht erfunden, und der Soldat durfte sich deshalb noch vielfältig ausdrücken. Es gab Slang-Schöpfungen, Übernamen, Anspielungen, Ironie (Frisch sagt, er habe nie Ironie bemerkt). Es gab Nuancen. Es war auch möglich zu sagen: «Damals haben wir schön geflucht», das heisst, man konnte zu seinem eigenen früheren Selbst kritisch Distanz nehmen. Ich glaube es gern, wenn Frisch sagt, er habe manchmal «nicht hingehört».

Der Soldat gehorchte nicht, wie Frisch sagt, blind. Er dachte sich nicht immer viel dabei, aber er hatte ein sicheres Gefühl für die Grenze zwischen blosser Unannehmlichkeit und Schikane. Es gab Fälle von Gehorsamsverweigerung. Ein guter Freund von mir, selbständig denkend *und* patriotisch (diese Verbindung gab es), trat eines Abends beim Hauptverlesen vor seinen unmöglichen Hauptmann hin und sagte: «Das machen wir nicht.» Er kam in den Arrest, und alles, inklusive Offiziere, solidarisierte sich mit ihm; genau das, was es nach Frisch nie gegeben hat.

Frischs Proletarier aber war noch nicht aufgewacht. Die soziale Heilsgeschichte hatte noch nicht begonnen. Deshalb darf es auch in Frischs Armee keine Veränderungen geben. Es gab sie aber. Nicht nur die Aluminiumnieten, sondern auch: Bessere Information der Mannschaft (seit dem Finnlandkrieg), Feld-Offiziersschulen (eine Art von zweitem Bildungsweg), mehr Obst, allmählicher Ersatz des rauhbeinigen Obersten durch einen zivileren Typus und des Stehkragens durch den Umlegkragen – Einzelheiten, die damals zählten. Es gab ein Auf und Ab der Moral, und es gab die Übertritte in die andere «Kaste». Davon spricht Frisch nicht. Er erzählt auch nicht chronologisch, sondern in zeitlosen, vertauschbaren Erinnerungsstücken mit dem Effekt einer unablässigen Geschäftigkeit bei vollkommener Statik. Mythos, nicht Geschichte, wenn das nicht ein bisschen zu hoch gegriffen wäre.

Frisch berichtet rückblickend aus unserem heutigen Wissen: dass nämlich der «Feind» damals nicht gekommen ist. Er kann darum etwas nicht richtig wiedergeben, für das wir seit Handke eine gute Metapher haben: «die Angst des Tormanns».

Frisch richtet seine Kamera – Rücken gegen das böse Spiel –auf diesen schweizerischen Tormann, der nie weiss, wann und woher der Schuss kommt. Wie der Tormann bemüht hin- und herhüpft, seine «Faxen» macht, das ist höchst komisch, weil Frisch und der Leser ja wissen, dass der Stürmer gar nicht schiessen wird. Ein etwas billiger Effekt, aber gewiss nicht verboten. Nur: es kommt so zu keiner Vergegenwärtigung der damaligen *Realität*. Dies könnte eher durch ein fiktives Werk geschehen, einen Roman zum Beispiel, dessen Personen die Zukunft *nicht* kennen.

Stilkritik

Und nun zu Frischs Stil. Frisch tut alles, um dem Leser, sofern er sich nicht am Inhalt stösst, die Lektüre eingängig zu machen. Sein Bericht, scheinbar schlicht, ist durch und durch kunstvoll oder mindestens rhetorisch. Ein einfaches Kunstmittel ist die (variierte) Wiederholung, zum Beispiel: «Ich beklage mich nicht, ich beklage nicht mich.» Sie sagt schon allerhand. Häufiger ist das plötzliche Abbrechen (mit Gedankenstrich oder Pünktchen): «Es war nicht unerträglich...» Dies kannten schon die Alten und nannten es Aposiopesis; auch die Werbetexter brauchen es gerne. Es bedeutet: hier wäre noch viel zu sagen, aber wir verstehen uns, du bist ja gescheit genug. Wie freut sich da der Leser, wenn ein berühmter und gescheiter Schriftsteller ihn für seinesgleichen hält. Und er folgt ihm willig weiter.

Schon etwas raffinierter ist die Implikation. Ein Texter könnte zum Beispiel schreiben: «Waschmittel X ist ausgezeichnet.» Das aber würde der Leser vielleicht in Frage stellen. Man schreibt deshalb lieber: «Warum ist Waschmittel X so ausgezeichnet?» Dann zielt der Satz auf das Warum. Das eigentliche Wichtige, dass X ausgezeichnet sei, wird als etwas längst

Bekanntes behandelt, und der Leser schluckt es wie von selbst. Ähnlich macht es Frisch. Er sagt, dass die Mannschaft keinen Hass auf die Offiziere gehabt habe, und fährt dann weiter: «Wieso hatten die Offiziere trotzdem Angst?» Nicht: «Die Offiziere hatten Angst.» Da könnte der Leser stutzen: «die» Offiziere, also alle, ist das glaubhaft? Das soll er aber nicht, deshalb das «Wieso», wie beim Waschmittel.

Weiter: das suggestive Nebeneinander von Sätzen. Etwa: «Sie brauchten die Mannschaft nicht davon zu überzeugen, dass die Schweiz, wenn sie sich gegen Adolf Hitler verteidigt, einen gerechten Kampf führt. Das war klar. Adolf Hitler war kein Schweizer.» Im Klartext: man war darum gegen Hitler, weil er kein Schweizer war, aus Nationalismus also. Oder ähnlich: «Man kann nicht sagen, sie hätten uns zur Sau gemacht. Dazu fehlte in diesen Jahren die Gelegenheit.» Ergo: wenn sie die Gelegenheit gehabt hätten, hätten sie es ohne weiteres getan. Frisch sagt das wiederum nicht so direkt. Er lässt die Verknüpfungswörter (*denn, weil, deshalb*), die die Behauptung festlegen und hinterfragbar machen, weg. Er beseitigt auch hier die Klippen, an denen der Leser stocken könnte; der Leser «darf» den Schluss selber ziehen und ist erst noch geschmeichelt. Und Frisch könnte jederzeit sagen, «so» habe er es nicht geschrieben. Ähnlich machen es auch gute Texter: mit *Insinuation* («Hineinpraktizieren»).

Das folgende Beispiel zeigt dies nochmals, und es führt gleichzeitig zum «signifikanten Detail» zurück. «Eine Dame vom Zürichberg, die sich bei Ausbruch des Krieges offenbar mit Vorräten hatte eindecken können, schenkte mir, als Glückwunsch zu einem beruflichen Erfolg, eine kleine Dose Nescafé (oder zwei?): diese Freude, diese Dankbarkeit.» Hier zweifelt übrigens meine Erinnerung. Sofortkaffee war damals neu, eher für Leute, die sich den Kaffee selber machen mussten; eine rechtzeitige Hortung durch konservative Kreise (mit Dienstmädchen und so) passt nicht ganz in die Zeit. Bleiben wir aber bei Frischs Stil. Wie ist dieser Satz zu übersetzen? Eine Dame schenkte mir Kaffee. Damals war ich überaus dankbar. Man muss aber wissen: sie war vom Zürichberg; es ist (deshalb) so gut wie sicher, dass sie gehamstert hat. Was sie gab, war ein Almosen aus der Fülle, und der Dank war überflüssig. Oder noch etwas deutlicher: Nach meinem alten Glauben dankte ich für ein Geschenk naiv, ohne Hintergedanken. Heute weiss ich es: vor dem Danken hätte zuerst die Klasse festgestellt werden müssen – kein Dank für eine Klasse, deren Schuld feststeht.

Herkunft eines negativen Geschichtsbildes

Eine letzte, allgemeine Frage: Wie kommt Frisch zu seinem doch sehr negativen Geschichtsbild? Zum Teil aus Idealismus. Er misst, wie viele Idealisten, an dem utopischen Ideal einer absolut vollkommenen Gesellschaft. Damit verglichen wird dann alles Existierende schlecht, und zwar so schlecht, dass eine völlige Verhältnisblindheit eintritt: eine unvollkommene, aber immerhin humane Demokratie ist dann nicht mehr besser als eine systematisch unmenschliche Diktatur. Beides wird zum «Faschismus»; ein grundsätzlicher Unterschied besteht nicht mehr. So bilden und gebrauchen viele ihren Faschismusbegriff.

Zur Unterscheidung und zur Klärung seien deshalb wieder einmal einige Glaubenssätze des Hitler-Faschismus aufgezählt, die in der Schweiz *nicht* hochgekommen sind, und von denen Frisch natürlich nicht spricht:

Die Welt passt in ein Freund-Feind-Schema
(damals Arier – Juden).

An den Unvollkommenheiten ist der «Feind» schuld
(damals: die Juden).

Der «Feind» hat inneren Zusammenhang und schmiedet ein Komplott zur völligen Unterdrückung aller andern; dagegen hilft nur Gewalt
(damals: das «Weltjudentum» und seine Pläne).

Wer der Feindgruppe angehört, ist ohne Ansehen der Person schuldig oder mindestens verdächtig. Verständnis, Menschenrechte und dergleichen sind für die Freundgruppe reserviert.

Man lese kritisch Frischs «Dienstbüchlein» und prüfe, ob er von diesen Dingen völlig frei sei. Und man beherzige seine eigene Mahnung: Wachsam sein und nicht alles glauben, was man uns einreden will.

6) Die Luftkämpfe zwischen Deutschen und Schweizern

Was man heute hört:

Als unumstössliche Wahrheit gilt heute: «Die Probe wurde uns erspart», d. h. der Ernstfall ist bei uns nicht eingetreten.

Und Max Frisch «präzisiert» («Dienstbüchlein», S. 156): die Schweizer Armee habe, wenn überhaupt, nur auf Schweizer geschossen.

Beides – sowohl Max Frischs Bemerkung wie der Spruch vom nie eingetretenen Ernstfall – ist falsch. Es gab einen Ernstfall, wo gekämpft wurde, und die Truppe hat sich dabei bewährt. Es handelt sich um die zwischen Mitte Mai und Mitte Juni 1940 ausgetragenen Luftkämpfe zwischen der deutschen Luftwaffe und der schweizerischen Fliegertruppe, bei denen 3 schweizerische und 11 deutsche Flugzeuge abgeschossen wurden. Dieser Teil des schweizerischen Aktivdienstes ist heute fast völlig vergessen – sonst könnten sich die zitierten Unwahrheiten nicht halten.

Meine Erinnerungen:

Um den 20. Mai 1940 – ich war Nachrichtensoldat beim Stab der 7. Division – wurden wir von Einsiedeln nach Balsthal verlegt, da der Krieg, nachdem der Vorstoss der Deutschen durch Holland und Belgien seine Ziele erreicht hatte, nun auch im Süden nahe der Schweizergrenze, beim Pruntruter Zipfel, in Gang gekommen war. Von Balsthal aus sah ich an einem Tag mit guter Sicht ein vorher nie gesehenes Schauspiel: zwei oder drei Flugzeuge, klein wie silberne Mücken, die sich in eigenartigen Bögen, fast wie im Liebesspiel umkreisten, dazu aber Geknatter von MG und Fliegerkanonen hören liessen, so dass man wusste, es sei Ernst.

Etwa zwei Wochen später kam ich dann nach Bärenwil, einem kleinen Dorf oberhalb Balsthal, wo unser Stab behelfsmässig untergebracht war. Dort spielte sich an einem späten Abend – es wird der 14. Juni gewesen sein und wir lagen schon in unserer Scheune auf dem Stroh – folgendes ab: Wir wurden alarmiert – es «stank», wie damals der Ausdruck für eine brenzlige Situation hiess; die Hälfte von uns «Nachrichtlern» sollte sofort auf den Kommandoposten kommen. Einige Eifrige standen sogleich auf; ich war damals schon so abgebrüht, dass ich mich umdrehte und fast unverzüglich weiterschlief. Am Morgen erfuhr ich dann erstens, dass nichts weiter passiert sei, und zweitens, warum man uns alarmiert hatte: Es seien Saboteure festgenommen worden, die sich in die Schweiz eingeschlichen hätten – wieder einmal war von dem legendären «Gleisdreieck bei Kreuzlingen» die Rede – mit dem Auftrag, schweizerische Flugzeuge zu zerstören, da diese den Deutschen unangenehm zu werden begannen. Die Saboteure seien verhaftet worden, deshalb befürchte man jetzt eine Reaktion der Deutschen. Der Tag verging, die folgende Nacht verging, und es geschah nichts. Der militärische Alltag nahm uns «Nachrichtler» wieder gefangen. Was wir damals nicht wussten: dass diese Vorgänge nur kleine Teile eines viel grösseren Zusammenhangs waren und dass dieser heute genau bekannt ist.

Der grössere Zusammenhang

Spätestens seit dem Buch von Ernst Wetter: «Duell der Flieger und der Diplomaten: Die Fliegerzwischenfälle Deutschland –Schweiz im Mai/Juni 1940 und ihre diplomatischen Folgen», Frauenfeld, Huber 1987 (s. auch die neue, komprimierte Fassung: ‹Kampf im Luftraum›, in W. Schaufelberger, Ed.: «Sollen wir die Armee abschaffen?», Frauenfeld, Huber 1988) konnte man es wissen: Schweizer Flieger haben gegen deutsche gekämpft, sie erwiesen sich, was die Resultate betrifft, den deutschen als gewachsen, bis sie (von den «Diplomaten» und dann von ihren Vorgesetzten) zurückgepfiffen wurden.

Ergänzendes, vor allem über den Zusammenhang mit den Aktionen der gesamten deutschen Wehrmacht, lässt sich entnehmen aus: Klaus Urner: «Die Schweiz muss noch geschluckt werden: Hitlers Aktionspläne gegen die Schweiz.» Zürich, NZZ-Verlag 1990; W. Schaufelberger: «Die Schweiz zwischen dem Deutschen Reich und Frankreich», Zürich, Ges. für militärhistor. Studienreisen, 1989; derselbe: ‹Die bewaffnete Neutralität der Schweiz im Kalkül ausländischer Generalstäbe›. In «Festschrift Dietrich Schindler», Basel, Helbing & Lichtenhahn 1989.

Chronik der Ereignisse

In dieser Chronik folge ich der Darstellung von Ernst Wetter (1987, S. 65 ff. und 166 ff.). Ich muss aus verschiedenen Gründen etwas ausholen:

In der Endphase der Schlacht um Frankreich herrschte, im Zusammenhang mit dem Landkrieg, eine starke deutsche Fliegeraktivität im Raum nordwestlich der Schweiz, besonders in der Nähe des Pruntruter Zipfels. Dabei kam es ab etwa 10. Mai 1940 zu wiederholten Grenzverletzungen: Deutsche Flieger drangen in den schweizerischen Luftraum ein, wobei es auch Bombenabwürfe gab (17 Bomben bei Courrendlin, glücklicherweise ohne menschliche Opfer). Es muss nach aufgefundenen Dokumenten angenommen werden, dass die Grenzverletzungen nicht ganz unabsichtlich waren. Unrichtig ist die Behauptung, die Luftkämpfe hätten ausserhalb der Schweizer Grenze stattgefunden, es handle sich also um

Grenzverletzungen der Schweizer. Ich werde hier, um diesen Punkt hervorzuheben, die bei Wetter rekonstruierten Flugrouten ausführlich beschreiben.

Die Schweizer Flieger hatten Befehl, gegen die Grenzverletzungen vorzugehen, griffen also an, wobei sie meist in Zweierpatrouillen oder einzeln flogen. Es kam zu sechs «Kriegstagen»:

10. 5. Eine schweizerische Patrouille Me-109 (Messerschmitt) griff einen deutschen Do 17 an, der aus Richtung Les Brenets gekommen, Biel, Burgdorf, Bütschwil überflog und gegenüber Altenrhein in Österreich notlanden musste.

16. 5. Eine schweizerische Patrouille Me-109 griff (von Olten startend) einen deutschen Heinkel 111 an, der von Goumois –Solothurn gekommen war; dieser musste, nachdem ein Teil der Besatzung ausgestiegen war, stark zerschossen, mit noch zwei Mann an Bord bei Chämleten (östlich Kemptthal) notlanden. Wie durch ein Wunder überlebte die ganze Besatzung.

1. 6. Zwei deutsche Heinkel 111 wurden von Me-109 Patrouillen bekämpft und stürzten bei Lignières (oberhalb Neuveville) und Oltingue (Frankreich) ab. Als Teil von insgesamt 36 Bombern, welche westlich Basel in den schweizerischen Luftraum eindrangen, hatten diese u. a. La Chaux-de-Fonds überflogen; angegriffen wurden sie bei Les Rangiers bzw. über dem Neuenburgersee. In ihrem Einsatzbefehl hiess es u. a.: *Vorsicht beim Überfliegen Schweizer Gebietes!*, woraus ersichtlich ist, dass die Grenzverletzung in Kauf genommen wurde.

2. 6. Ein deutscher Heinkel 111 wurde von einer Me 109 Patrouille beschossen und musste bei Ursins (südlich von Yverdon) notlanden. Sie war zusammen mit anderen Bombern aus Richtung Genf – Rolle gekommen, also schon längere Zeit über Schweizer Gebiet geflogen.

4. 6. Luftkämpfe über La Chaux-de-Fonds, wobei sich gegenüberstanden: 29 deutsche Flieger (Heinkel 111, Bomber + Me-110, Jäger) einerseits, 12 schweizerische Flieger (meist Me-109, Jäger) anderseits. Von den deutschen mussten 2 auf französischem Gebiet notlanden. Von den Schweizern wurde ein Jäger abgeschossen; der Pilot, Leutnant Rudolf Rickenbacher, kam dabei um. Es ist erwiesen, dass der Einflug der Deutschen, getarnt als «Aufklärungsflug», in Wahrheit ein «Revancheflug» für den Vortag war. Der Auftrag hiess: «An der Schweizer Grenze auf- und abfliegen. Die Schweizer Jäger zum Luftkampf herauslocken, und möglichst viele von ihnen abschiessen.»
Die Beerdigung von Leutnant Rickenbacher fand am 7. Juni 1940 in Lotzwil statt. Wie dies in deutschen Fliegerkreisen oft üblich war, liess Generalfeldmarschall Göring einen Kranz niederlegen, den die Bevölkerung nach der Trauerfeier in kleine Stücke zerriss. (Nach E. Wetter, S. 100–102).
8. 6. Insgesamt, über den ganzen Tag gerechnet, standen sich 28 deutsche und 15 schweizerische Flugzeuge gegenüber. Eine schweizerische C-35 (Doppeldecker, schon damals ein altes Gerät) wurde von zwei deutschen Me-110 abgeschossen; der Pilot Leutnant Rudolf Meuli und der Beobachter Oberleutnant Emilio Gürtler kamen um. Etwas später wurde eine schweizerische Me-109 (Oberleutnant Rudolf Homberger) schwer beschossen und zur Notlandung bei Bözingen/Biel gezwungen. Auf deutscher Seite musste man einen Absturz (bei Triengen) und zwei Notlandungen (Oberkirch-Nunningen und Réchésy, Frankreich) registrieren.

Die Tatsache, dass deutsche Flugzeuge von den Schweizern angegriffen worden waren, und der Ausgang dieser Kämpfe entfachte in den zuständigen Kreisen Deutschlands grossen Zorn. Es wurde behauptet, dass die Schweizer absichtlich «Händel gesucht», und zudem die Deutschen über Frankreich angegriffen und damit die Neutralität verletzt hätten. Aus den Notlandungs- und Absturzorten zu schliessen, dürfte das höchstens in seltenen Fällen vorgekommen sein. Doch führte die Indignation zu verschiedenen geharnischten diplomatischen Noten – «feindselige Akte» – «beispiellos» – «behält sich die Reichsregierung zur Verhinderung derartiger Angriffe alles weitere vor». Und in einer anderen Note: «dass sie, falls es künftig zu einer Wiederholung solcher Fälle kommen sollte, von schriftlichen Mitteilungen absehen und die deutschen Interessen in anderer Weise wahrnehmen wird.» (E. Wetter, S. 142, 145).

Die deutsche Abwehr, möglicherweise auf direkte Veranlassung Görings, fasste den Plan, Schweizer Flugzeuge am Boden zu zerstören, und beauftragte zehn Männer, sich in die Schweiz zu begeben und auf bestimmten Flugplätzen möglichst viele Flugzeuge zu sprengen. Dies waren «meine» Saboteure, von denen ich in der Nacht in Bärenwil erfuhr. Sie waren mit Drahtscheren, Explosivstoff und allem Nötigen ausgerüstet, reisten am 13./14. Juni 1940 in die Schweiz ein, wurden aber fast alle in kürzester Zeit entdeckt und verhaftet.

Das rasche Fehlschlagen dieser Aktion machte die Stimmung der deutschen Führung nicht besser. Verschiedene Druckmittel wurden versucht: Drosselung der Kohlenzufuhr; Forderung an die Schweiz, die vor kurzem gekauften 90 Messerschmitt-Flugzeuge an Deutschland zurückzugeben. Es hiess sogar, der Führer selbst habe die Angelegenheit in die Hand genommen (vgl. Urner: «Die Schweiz muss noch geschluckt werden», S. 137). Unter diesem Druck beschloss dann die politische, und, von ihr beauftragt, die militärische Führung der Schweiz, ihre Flieger «zurückzupfeifen», d. h. Angriffe auf ausländische Flugzeuge nur noch unter sehr einschränkenden Bedingungen zu gestatten. Und mit dem Waffenstillstand zwischen Deutschland und Frankreich, 22. Juni 1940, verschwanden die deutschen Flieger, und die Angelegenheit verlor an Wichtigkeit.

Rückblickend auf diesen «Sechstagekrieg» folgen wir der Zusammenfassung, die E. Wetter in seinem Buch (S. 121) gibt: «Sagen die *Verhältniszahlen Deutschland : Schweiz = 3 : 11.* etwas aus? Ohne in nationale Euphorie zu fallen, darf behauptet werden, dass unsere Jagdpiloten einen Kampfgeist entwickelten, der den deutschen Besatzungen mindestens ebenbürtig, wenn nicht gar überlegen war.»

Man kann hinzufügen, dass die Schweizer Flieger nicht nur taktisch auf der Höhe waren. Sie haben sich auch sonst bewährt. Als Oberleutnant Homberger bereits schwer verletzt war und (wegen Blutverlust) immer schlechter sah, brachte er seine Maschine (deren Fahrwerk einknickte) in Bözingen sicher zu Boden, bevor er das Bewusstsein verlor; er hatte Splitter in der Lunge, einen Schuss im Rücken und einen im Bekken.

Diese Vorgänge wurden – nicht im Detail aber als Ganzes – in der Schweiz herum bekannt, und ihre Kenntnis stärkte den Widerstandswillen. Dieser hatte sich schon vorher an Finnland orientieren können, das sich in dem – heute zu Unrecht vergessenen – Winterkrieg (November 1939 – März 1940) gegen die mehr als zehnfache Übermacht der angreifenden Sowjet-Armee einen ganzen Winter halten konnte.

Man konnte daraus schliessen, dass ein kleines, zu tapferer Gegenwehr entschlossenes Volk – wenn der gut ausgebildete Einzelkämpfer durch eigene Initiative und viele Listen den Gegner zu überraschen vermochte – sich sogar gegen die Kriegsmaschine einer bis an die Zähne bewaffneten Grossmacht monatelang behaupten und sich schliesslich einen ehrenvollen Frieden – zwar mit Geländeverlusten, aber mit einer freien und unbesetzten Heimat – sichern konnte.

Dieses «Finnland-Modell»: sich zäh und schlau behaupten bis zu einem akzeptablen Frieden, schwebte damals den Soldaten aller Ränge vor. Der schweizerische Soldat hat nie erwartet, die Deutschen, wenn sie kämen, zu «schlagen»; aber so etwas wie Finnland glaubte man auch im schlimmsten Falle erhoffen zu dürfen. In dieses Modell fügte sich nun, nicht als blosse Hoffnung, sondern als Realität, der Erfolg der schweizerischen Flieger. Die «Probe», von der heute so oft gesagt wird, sie hätte nicht stattgefunden, sie war, so kurz sie auch dauerte, bestanden.

7) Die Evakuationen im Mai 1940

Wie man es heute darstellt:

Im Mai 1940, als man einen deutschen Einmarsch befürchtete, kam es in den Grenzgebieten zu einer Panik. Kopf- und rücksichtslos setzten sich die Reichen (von ihrer eigenen Klasse, den Offizieren, informiert) mit Autos in die Innerschweiz ab; die Armen konnten in der Gefahrenzone sitzen bleiben.

«Kein Ruhmesblatt für die Schweiz».

Meine Erlebnisse:

Ich war damals im Militärdienst in Einsiedeln, wusste in jedem Moment, was ich zu tun hatte, und brauchte mich um das Evakuieren und die damit zusammenhängenden Fragen nicht zu kümmern. Einige Tage nach der unmittelbar kritischen Zeit bekam ich einen Brief (datiert 16. Mai 1940) von einer Bekannten, die in Bern studierte. Er begann so:

> Alles wackelt und steht auf dem Kopf. Es gibt zwei Kategorien Leute; die einen sagen: Kommt etwas, so kann man sich dann immer noch ängstigen, wenns da ist – die andern erwägen unablässig, was sie zur Sicherung von Leib und Leben noch tun könnten. Ich halts mit der ersten, aber es ist begreiflich, dass die Lage für viele, besonders für Ältere, etwas furchtbar Beängstigendes hat, nach dem, was in letzter Zeit passiert ist.

Woraufhin die Verfasserin zu einer detaillierten und humorvollen Schilderung der Personen und Zustände an der juristischen

Fakultät der Universität Bern übergeht. Dieser Brief einer 22jährigen Studentin gibt genau wieder, wie es damals war: er verschweigt nicht, dass es Besonnene *und* Ängstliche gab, er vergisst aber auch nicht das Verständnis für die Ängstlichen.

Im Divisionsstab 7 hatte ich u. a. Bulletins von Radiosendungen zu schreiben; deshalb erinnere ich mich noch genau an die Weisungen, die damals an die Bevölkerung ergangen sind. Vor allem weiss ich noch genau, welche Vorschriften zur kritischen Zeit in Kraft waren und welche nicht.

Wir hatten viel Schichten- und Nachtdienst und durften dafür tagsüber etwas frei machen. So sass ich – am Morgen nachdem die grösste Gefahr vorüber schien – mit Kameraden im «Löwen» bei einem Kaffee, als dort Leute auftauchten, die offenbar hierher geflüchtet waren: ein Ehepaar, ob mit Kindern, weiss ich nicht mehr. Ich kann mich gut daran erinnern, dass sie von Zweifeln geplagt waren, ob denn die Wahl ihres Zieles, Einsiedeln, die richtige gewesen sei. Hier sei doch der reiche Kirchenschatz; die Deutschen würden darum sicher auch hierher kommen, klagten sie.

Ich fühlte mich turmhoch überlegen, wusste ich doch, dass Einsiedeln (wegen unseres Divisionsstabs, der allerdings im Kriegsfall verlegt worden wäre) auch militärisch nicht unwichtig war, und dass es den Deutschen sicher eher um militärische Ziele als um den Kirchenschatz zu tun wäre.

Kurz und gut, diese Leute, etwas naiv, etwas verschüchtert, bescheiden gekleidet, machten mir nicht den Eindruck von Privilegierten oder gar «Kapitalisten»; am ehesten hätte man sie als Kleinbürger bezeichnen können.

Die Dokumente

Und nun befrage ich die wissenschaftlichen Darstellungen jener Vorgänge, die eine Anzahl für uns wichtiger Dokumente, zum Teil als Faksimile abgedruckt, enthalten. Sie stützen durchwegs meine Erinnerungen.

Da man bei der Evakuation einen Teil seiner Habe mitnehmen wollte, hatten es diejenigen Leute am einfachsten, die über ein Auto (und Benzin) verfügten. Das waren aber nicht, wie heute gern gesagt wird, «die Reichen», sondern eher eine Mittelschicht, zum Beispiel selbständige Handwerker; s. darüber Peter Voegeli: ‹Wohin mit der Zivilbevölkerung?› in W. Schaufelberger (Ed.), «Das bedrohte Zürich», Zürich, Orell Füssli, 1990, S. 78.

Was noch wichtiger ist: Diejenigen, welche evakuierten, konnten im Glauben sein, nicht gegen das Gesetz zu handeln. Es bestanden nämlich, was heute verschwiegen wird, verbindliche und gültige Weisungen an die Bevölkerung, in denen die folgenden Möglichkeiten unterschieden wurden:

befohlene Evakuation (wofür ausführliche offizielle Pläne bestanden, die glücklicherweise nie verwirklicht werden mussten),
freiwillige Abwanderung, die nicht verboten war, zu der sogar im ganzen eher zu- als abgeraten wurde.

Einen genauen Überblick über die damalige Situation und besonders auch die Rechtslage gibt Peter Voegeli. Dort findet sich auf S. 71 eine genau dokumentierte Darstellung der Lage in Zürich, aber auch in der übrigen Schweiz.

Besonders interessant in unserem Zusammenhang ist das Faksimile der «Weisungen an die Bevölkerung für den Kriegsfall» (Erlassen vom Regierungsrat und Territorial-Kommando 6 in Anwendung der bundesrätlichen Weisungen vom 30. Oktober 1939). Dort heisst es:

Freiwillige Abwanderung vor dem Kriegsausbruch

1. Die freiwillige Abwanderung der Bevölkerung steht im Belieben jedes Einzelnen und erfolgt auf eigene Verantwortung vor Ausbruch der Feindseligkeiten. Sie ist längstens bis zu einem vom Armeekorps-Kommando zu bestimmenden Zeitpunkte möglich. Zweckmässig ist der frühe Abtransport von Kranken und anderen marschunfähigen Personen.
Eigentümer von Automobilen haben damit zu rechnen, dass ihre Wagen bei erhöhter Kriegsgefahr sofort militärisch beschlagnahmt werden.

Über den Ereignis-Zusammenhang, aus dem diese Weisungen erlassen wurden, stellt Voegeli anschliessend (S. 72) fest:

«Armee und Bundesrat sprachen sich wiederholt gegen grossangelegte Evakuationen aus. [...] Dennoch rechnete die Armeeleitung bereits anfangs Februar 1940 mit 400–450 000 Zivilpersonen, die nach den erwähnten Weisungen des Bundesrats unter die Evakuationsbestimmungen fielen. Am 15. April [1940] sprach das Eidgenössische Kriegsvorsorgeamt sogar von 628 800 Personen, rund 15% der damaligen Bevölkerung. Faktisch unterstützte der Bundesrat somit – von den Formen des modernen Krieges [gemeint ist die verheerende Bombardierung von Warschau, s. S. 71] überrascht und entgegen seinen Grundsätzen – eine Politik der Evakuation.»

Hieraus geht klar hervor: Die Evakuation war der Bevölkerung nicht verboten; es war ausdrücklich erlaubt, in Zeiten der unmittelbaren Bedrohung auf eigene Gefahr (und unter Vermeidung jeder Behinderung der Armee) in ein ungefährlicheres Landesgebiet zu reisen. Der Absatz über die Kranken und Marschunfähigen sagt sogar ausdrücklich, dass dies rechtzeitig zu geschehen habe.

Eine Bestätigung, für den besonderen Fall des Grenzkantons Thurgau, findet sich bei Albert Schoop: «Geschichte des Kantons Thurgau», 1. Band, Frauenfeld 1987, S. 361 ff. Auch daraus geht klar hervor, dass die Bevölkerung glauben durfte, die Evakuation sei offiziell erwünscht.

Was Zürich betrifft, vergleiche man Voegeli, S. 78: «Die allgemeine Flucht aus Zürich vor dem vermeintlichen deutschen Angriff war als sogenannte «private Abwanderung» vom Bundesrat toleriert. Entgegen gewissen Behauptungen erfasste die Fluchtwelle alle Bevölkerungsschichten. [...] Manche Soldaten berichten mit Bitterkeit von den Autoschlangen, die sich in Richtung Innerschweiz bewegten. Überfüllte Bahnhöfe und Züge gehörten jedoch genauso zum Bild jener Panikwelle, auch wenn sie viel weniger augenfällig waren.»

Im Zusammenhang mit den Evakuationen wird heute häufig an eine Weisung des Generals erinnert, welche das private Evakuieren bis auf wenige Ausnahmen *verbot*. Diese Weisung existiert. Aber: sie wurde *am 20. Juni 1940* erlassen, also lange nach der Evakuationswelle vom Mai 1940. Unterdessen hatte man nämlich aus Frankreich gehört, dass die Flüchtlingskolonnen auf den Strassen die Armee bedenklich behinderten. So spiegelten die offiziellen Weisungen jeweils die im Ausland gemachten Erfahrungen: Die Bombardierung Warschaus im September 1939, mit den furchtbaren Verlusten unter der Zivilbevölkerung, führte dazu, die freiwillige Abwanderung aus den Zentren zu empfehlen, oder mindestens zu dulden. Diejenigen, die (nicht so kopflos, wie man es heute darstellt) evakuierten, hielten sich daran.

Anderseits führten die Erfahrungen auf den Strassen Frankreichs im Mai 1940 zu einer Änderung der Auffassung. Hierauf, das heisst einen Monat später, wurde die private Evakuation verboten.

Die heutige Auffassung, wonach die Evakuierten egoistisch nur an sich gedacht hätten und den offiziellen Weisungen zuwider gehandelt hätten, ist zu einem guten Teil durch Nichtbeachtung der Chronologie entstanden – ähnliches gilt übrigens für manche heutigen Meinungen zur Flüchtlingspolitik.

Richtig ist, dass bei vielen Leuten «alles wackelte und auf dem Kopf stand». Sicher waren nicht alle Engel, und tatsächlich kam es auf den Strassen zu Staus und gegenseitigen Behinderungen. Aber es gab auch viel gegenseitige Hilfe und nachbarliche Solidarität; mir sind, ohne dass ich suchte, Fälle bekannt geworden, wo Autobesitzer ihr Fahrzeug – statt es selbst vollzustopfen – grosszügig auch den Nachbarn zur Verfügung gestellt haben. Die Idee einer kopf- und rücksichtslosen Evakuation «der Reichen» stimmt nicht mit den Tatsachen überein.

Unter meinen persönlichen Bekannten weiss ich nur von einer einzigen Familie, die damals ihren Wohnort – wegen eines Kleinkindes – verlassen hat. Die Zahl der zuhause gebliebenen Schweizer Zivilisten dürfte mindestens zehnmal so gross gewesen sein wie die der Evakuierten. Meine Eltern und sämtlichen Verwandten dachten nicht im Traum daran, ihren Wohnort zu verlassen. Von zwei jungen mittelständischen Müttern, die an der Grenze wohnten, habe ich später folgendes gehört: Die eine sagte zu ihrem jungen Sohn: «Du gehst nach Zürich; ich bin Ärztin, da hat man mich hier nötiger.» Eine andere, eine Wegstunde weiter einwärts, meinte: «Wenn der Vater Soldat ist und an der Grenze steht, bleiben wir auch hier.» Solche Aussprüche kann man ruhig vertausendfachen.

Die heutigen Auffassungen über die Evakuationen vom Mai 1940 sind also wie folgt zu korrigieren:

- Es gab keinen unmässigen Unterschied zwischen Arm und Reich.

- Die Behörden hatten der Bevölkerung – in jenem Zeitpunkt – die «freiwillige Abwanderung» nahegelegt. Das Evakuieren geschah also mit Erlaubnis; es war keine Disziplin- oder Gesetzlosigkeit.
- Die Flüchtenden waren keine Phantasten; vielmehr hatten sie allen Grund, die Gefahr für real zu halten. Siehe darüber das nächste Kapitel «Gefahren».

8) Gefahren, wirkliche und vermutete

Was man heute sagt:

Es sei ja nicht zum Ernstfall gekommen. Die Schweizer hätten es nicht nötig gehabt, sich zu fürchten und gegenüber den Deutschen Konzessionen zu machen.

Wieder einmal ist hier die bekannte «Hindsight» im Spiel, der Rückblick aus dem Wissen, das wir heute haben. *Jetzt* weiss man es natürlich: die Deutschen sind nicht einmarschiert. Und man beurteilt die Schweizer so, als hätten sie das damals schon wissen können oder sollen. In diesem Kapitel müssen deshalb die Dinge ins rechte Licht gerückt werden: Erstens soll die Rede sein von den *vermuteten Bedrohungen,* die für die damaligen Schweizer eine nicht geringere Realität hatten als die wirklichen. Dann sollen die *wirklichen Gefahren* zur Sprache kommen, über die wir heute durch zuverlässige historische Studien genau unterrichtet sind. Man kann so zusammenfassen: Die Lage war tatsächlich ernst, und zwar gab es nicht nur einzelne kurze gefährliche Zeiten, sondern auf eine gefährliche Phase folgte fast sogleich eine neue mit einem andern Grund.

Vermutete Bedrohungen:

Schon am Anfang des Krieges, als wir in den ersten Septembertagen 1939 mobil machten, sah es nicht gemütlich aus. Angesichts der notorischen Unberechenbarkeit Hitlers war ungefähr alles, auch das Unerwartete, zu erwarten. Wir gaben unsere Bajonette zum Schleifen ab, fassten die scharfe Munition und die «Totentäfeli» (Erkennungsmarken) und schworen: «für die Verteidigung des Vaterlandes und seiner Verfassung Leib und Leben aufzuopfern» – all dies war kein Wiederholungskurs mehr, sondern schmeckte nach Ernstfall. Und merkwürdigerweise sah die Lage noch ernsthafter aus, als wir, d. h. unsere Kompanie, nach einem kurzen Aufenthalt im grenznahen Gebiet (Märstetten, dann Züberwangen bei Wil) weiter ins Landesinnere, nämlich nach Uznach verlegt wurden. Da war es denn klar: Hinhaltend kämpfen sollten die Grenztruppen; wir aber, die Feldtruppen, sollten am Rand der (im Ernstfall zu überschwemmenden) Linthebene die Stellung halten.

Dies musste sich der einzelne Mann selbst zusammenreimen. Es gab keine Mitteilungen über die Verteidigungskonzeption; dass diese geheim gehalten werden musste, war uns allen klar.

Vorerst blieb die Bedrohung latent. Sie wurde dann einige Tage lang manifest durch eine Episode, die heute vergessen ist: das *Bürgerbräu-Attentat.* Im Spätherbst 1939 wurde auf Hitler, als er im Bürgerbräu-Keller in München eine Rede hielt, ein Attentat versucht, welches misslang. Da man seine unberechenbare Art kannte, vermutete man, er werde auf irgend eine drastische Art reagieren, wollte sich auf alles gefasst machen, und ein Teil der Schweizer Armee wurde alarmiert. Viele Urlauber wurden zurückgerufen.

Zu diesen gehörte auch ich. Ich war ein Glücksvogel gewesen; da ich Student war und eine Zwischenprüfung, das sogenannte Akzessexamen, vorhatte, erhielt ich schon nach etwa $2^{1}/_{2}$ Monaten Aktivdienst einen mehrwöchigen Studienurlaub – noch besser hatten es in dieser Beziehung nur die Bauern, aber natürlich nicht im Winter. Da sass ich also in Zürich, selig, aber nur für kurze Zeit. Eines Morgens um sieben kam das Telefon von meiner Mutter, es sei ein Aufgebot gekommen und ich müsse sofort einrücken. Ich fuhr also heim nach Frauenfeld, holte mein Militärzeug und stand schon am

Abend des gleichen Tages als Schildwache in Uznach an der (zum Sprengen vorbereiteten) Brücke unterhalb des «Ochsen». Die Nacht verging, ein paar andere Nächte vergingen. Es geschah nichts; der sprichwörtliche Unberechenbare hatte sich offenbar anders besonnen.

Mitte April wurde ich dann «hoch erhoben», nämlich abkommandiert zum Stab der 7. Division, und zwar zu den «Nachrichtlern». Diese waren eine kleine Truppe von etwa 20 Mann, die dem Generalstabsoffizier 1 b (Nachrichten) zugeteilt waren; direkt geführt wurde sie durch den Ordonnanzoffizier Hauptmann Hophan, einen hoch originellen und unabhängigen Kopf. Er und zwei Korporale nahmen uns in strenge Zucht, wobei Büro und Felddienst sich abwechselten. Sie schulten uns im richtigen Telefonieren, im Maschinenschreiben, Chiffrieren, Kartenlesen, Zeichnen von Ordres de bataille, Stenographieren von Radionachrichten und was sonst noch zu unseren Pflichten gehörte. Dass wir eine «Elite» waren, glaubten vor allem wir selber; einigermassen objektiv konnte man es aber auch daran ablesen, dass wir wie Unteroffiziere «Schläge» (d. h. Zimmer) hatten und nicht mehr auf dem Stroh schlafen mussten – in Wirklichkeit hatte das weniger mit unserer Elitequalität als mit unserer unregelmässigen Arbeitszeit, einer Art Schichtenbetrieb, zu tun.

Kaum waren wir vierzehn Tage eingeschult, so kam auch schon die Krise vom Mai 1940. Die Deutschen fielen in Frankreich ein; dass sie dabei die Neutralität Hollands und Belgiens «grosszügig» verletzten, war für die Schweizer nicht eben beruhigend.

Von früh bis spät sassen wir «Nachrichtler» am Radio, hörten die neuesten Meldungen ab und erstellten daraus die Bulletins, die zu bestimmten Zeiten an bestimmte Offiziere verteilt wurden; besonders wichtige Meldungen wurden auch zwischenhinein abgegeben. Unvergesslich sind mir die geradezu «munteren» und vor allem siegesgewissen deutschen Reportagen von der französischen Front – das Mikrophon befand sich schon damals in der vordersten Linie – in denen es wörtlich hiess: «Es ist ein wunderschöner Maimorgen...», «mit Flammenwerfern werden die Bunker aufgeknackt; da wird nicht lange gefackelt».

Es war also im Westen losgegangen; die drôle de guerre war zu Ende. Und man spekulierte über die Konsequenzen für die Schweiz. Ob der Durchbruch der Deutschen im Norden Frankreichs ihr einziges Ziel bleiben würde. Ob sie ihn durch einen Durchbruch im Süden der langen Front, vielleicht über Schweizer Gebiet, ergänzen würden, das war die grosse Frage. Wenige Tage nach dem Beginn des Westfeldzuges schien es, als ob sich diese Frage zu unseren Ungunsten beantworten wolle.

Ich hatte damals über Pfingsten Dienst und sass – es wird am Montagabend, 13. Mai gewesen sein – etwa um acht im Büro, mit einer Dechiffrierarbeit beschäftigt. Eine gewisse Unruhe war schon vorher zu spüren gewesen; jetzt aber kam plötzlich Pionier K., der den Fernschreiber bediente, ins Zimmer, so bleich, wie ich weder vor- noch nachher einen gesunden Menschen gesehen habe. Er gab wortlos sein Fernschreiben ab, und obwohl es mich nichts anging, habe ich – wie weiss ich nicht mehr genau – sogleich von seinem Inhalt Kenntnis bekommen. Der war denn auch eindeutig; Das 4. Armeekorps alarmierte unsere Division; es hatte bereits den Befehl zur Überflutung der Linthebene erteilt. Und von der Lage jenseits der Grenze hörte man mehr als genug: Massive Truppenkonzentration nördlich der Schweizer Grenze, u. a. in der Gegend des Hegaus. Und was am «unmittelbarsten» aussah: Am Nordufer des Boden- und Untersees war eine grosse Anzahl von Landebooten – wie man sie später in grossem Massstab bei der alliierten Landung in der Normandie gebrauchte – festgestellt worden.

Ich erhielt den Befehl, sofort meine eben aus dem Urlaub

heimgekehrten Kameraden in ihren Quartieren zu holen. Sie kamen, und nun machten wir uns daran, unser Büro und was darin war, von unserem biederen Friedens-Schulhaus zwar noch nicht in den eigentlichen Kriegs-Kommandoposten –der war in einem Stollen im Wald – aber in ein diesem benachbartes Haus zu verlegen. Strenger Befehl, es dürfe nie einer allein gehen, immer nur zwei zusammen; man hielt es für gut möglich, dass bereits Fallschirmjäger (was es seit kurzem gab) oder zumindest Saboteure (bestimmte Personen waren schon im Verdacht) unterwegs seien. Unvergesslich ist mir mein Kamerad Gebhard Lutz, der, das Gewehr im Hüftanschlag und mit ernst entschlossener Miene, unser leer werdendes Schulzimmer bewachte.

Zwei Stunden später waren wir dann umgezogen, und ich kam ans Radio mit dem Auftrag: Deutsche Sender hören und melden, wenn etwas los ist. Eine fast angenehme Pflicht, denn die Nacht war voller Musik, in die man von Zeit zu Zeit hineinhören konnte. Woran ich mich gut erinnere: Einmal, es mag um zwei Uhr gewesen sein, kamen die Haydn-Variationen von Brahms, und ich vernachlässigte in diesen zwanig Minuten alles andere, um sie zu hören. Bei der 7. Variation –grazioso – die ich schon damals sehr liebte, dachte ich: Morgen abend bist du wahrscheinlich tot, aber *das* wird bleiben –ist ja auch wichtiger.

Langsam rückte die Nacht voran. Immer zur geraden Stunde wurde es spannend; denn wie man frühere Male gesehen hatte, pflegten die Deutschen frühmorgens zu einer geraden Stunde loszuschlagen, und dies gleichzeitig im Radio zu melden. Es wurde vier, es wurde fünf, es wurde sechs – besonders spannend – und als auch sieben vorbei war, konnte man Hoffnung schöpfen.

Diejenigen, die sich provisorisch hingelegt hatten, standen auf; es gab Kaffee, und unser Hauptmann bestellte aus einer nahen Beiz für jeden ein Spiegelei – «das muss gefeiert sein».

Ähnlich, nur noch ausgesetzter, hatten Abertausende von Soldaten diese Nacht verbracht. Es gab einen Moment, bei einer Grenzkompanie, wo man tatsächlich glaubte, der Krieg habe bereits begonnen. Alle Truppen-Tagebücher haben die ernste Stimmung dieser Nacht und der folgenden Tage registriert. Nach etwa drei Tagen kam dann die Meldung, die Deutschen hätten im Norden Frankreichs entscheidend Boden gewonnen; es kam die Nachricht von der Einnahme der «drei A», der wichtigen Städte Arras, Amiens und Abbeville – womit der Aermelkanal erreicht und das weiter östlich stehende englische Expeditionskorps von der französischen Armee abgeschnitten und eingekesselt war. Diesen an sich schlimmen Botschaften durfte man entnehmen, ein deutscher Vorstoss im Süden sei nun unnötig geworden. Der Druck wich; der Soldat kam sich wie neugeboren vor, und die Mädchen des Dorfes waren gefährdeter als je.

Seit gut zwanzig Jahren wissen wir, dass unsere damaligen Befürchtungen nicht notwendig waren. Die Schweizer waren einem Täuschungsmanöver der Deutschen erlegen. Diese hatten alles getan, um die Schweiz glauben zu machen, sie werde sogleich angegriffen. So marschierten während einigen Tagen in der Gegend Schwarzwald-Hegau deutsche Truppeneinheiten jeden Tag mit Gerassel ein Stück Richtung Schweiz, um sich jeweils in der Nacht leise wieder an den Ausgangspunkt zu begeben – mit dem Effekt, dass man in der Schweiz meinte, eine gewaltige Heeresmacht rücke heran. Aber die Täuschung der Schweiz war natürlich nicht das letzte Ziel; vielmehr sollte – via Schweiz – Frankreich getäuscht werden: Es sollte zur Annahme gebracht werden, auch im Süden drohe ein deutscher Vorstoss. Dies glaubte man denn auch, und so blieben starke französische Truppenteile im Süden stehen, die möglicherweise im Norden noch hätten helfen können. Über dieses Täuschungsmanöver, seinen Zweck, seine raffinierte Durchführung und seinen Effekt orientiert heute das Buch von Christian Vetsch: «Aufmarsch gegen die Schweiz. Der deutsche *Fall Gelb*, Irreführung der Schweizer Armee». Walter-Verlag, Olten 1973.

Es ist in diesem Zusammenhang – in einem sonst zuverlässigen Buch – behauptet worden, der Schweizer Nachrichtendienst habe «versagt». Dies stimmt so nicht. Man müsste so formulieren: Die deutsche Täuschung gelang, weil der schweizerische Nachrichtendienst «mittelgut» war. Wäre er ganz gut gewesen, so hätte er den Trug durchschaut. Wäre er ganz schlecht gewesen, so hätte er die verdächtigen deutschen Truppenbewegungen gar nicht wahrgenommen.

Sicher ist allerdings, dass unser Nachrichtendienst mindestens am Anfang des Krieges sehr unvollkommen war. Er bekam nur armselige Kredite und war lange Zeit auf die Mithilfe privater Personen und Büros angewiesen. S. Hans Rudolf Kurz: «Nachrichtenzentrum Schweiz: Die Schweiz im Nachrichtendienst des zweiten Weltkriegs». Verlag Huber, Frauenfeld, 1972; und, auf neuerem Wissensstand basierend, Pierre-Th. Braunschweig: «Geheimer Draht nach Berlin», Zürich 1989.

Nach der Mai-Krise folgte eine ruhigere Zeit: Unsere Division wurde in die Gegend von Balsthal verlegt, weil das Kriegsgeschehen jetzt in den Raum nordwestlich von Basel gerückt war: Die Deutschen waren unterdessen auch im Süden ihrer Front vorgestossen, und es wurden Grenzverletzungen befürchtet. Dazu kam es dann nicht; hingegen traten eingekesselte französische Truppen von beträchtlicher Stärke in die Schweiz über und wurden dort interniert: 30 000 französische Soldaten, dazu 12 500 Polen, die an der Seite der Franzosen gekämpft hatten. Über diese Internierten s. Kapitel 10.

Noch vor dem Ende des Frankreichfeldzugs kam es Mitte Juni zu einer neuen Bedrohung, die im Kapitel 6 beschrieben ist. Erzürnt über die «Neutralitätsverletzungen» durch schweizerische Flieger, schickte das Oberkommando der Luftwaffe eine Gruppe von Saboteuren in die Schweiz, mit dem Auftrag, möglichst viele Maschinen am Boden zu zerstören. Sie wurden sogleich entdeckt und festgenommen, und angesichts der Sprunghaftigkeit der deutschen Führung vermutete man eine gewaltsame Aktion, so dass es zu einem abendlichen Alarm kam.

Nach dem Waffenstillstand mit Frankreich am 22. Juni 1940 verstummten die unmittelbaren Kriegshandlungen an der Schweizer Grenze; die Präsenz kämpfender und möglicherweise zu Grenzverletzungen bereiter Truppen fand ein Ende. Aber die Schweiz war nun ganz von den deutschen und italienischen Truppen umgeben. An Stelle einzelner Krisentage war so etwas wie eine permanente Krise getreten. Der Soldat spürte das, und ich glaube, es ist in der Armee nie so stark gesofffen worden wie in jener Zeit, und zwar eher aus Niedergeschlagenheit denn aus Freude.

Der Reduit-Gedanke, vom General vorgetragen am 1. August 1940 und kurz darauf der Truppe mitgeteilt, brachte dann eine Änderung. Zwar war niemand begeistert von der Idee, das Mittelland im Prinzip graduell dem Feind zu überlassen und nur noch im Gebirge «wirklich» zu kämpfen; aber das war angesichts der gewaltigen Übermacht der Deutschen schlechthin das einzig Mögliche. Der Soldat, vom Realismus der obersten Führung überzeugt, schöpfte wieder Mut, das Saufen reduzierte sich, die Verteidigungsdisposition wurde umgekrempelt, was eine Menge Arbeit für alle gab, vom Generalstabsoffizier bis zum letzten Füsilier – u. a. für mich.

Die späteren Forschungen haben ermittelt, dass diese Zeit auch objektiv die gefährlichste war; siehe darüber den zweiten Teil dieses Kapitels.

Ein wichtiges Datum, nicht der Gefährdung, sondern der Entlastung, war dann der 22. Juni 1941. Für mich persönlich etwas problematisch. Es war ein Wochenende; ich hatte keinen Urlaub, meinte aber, für eine kurze Bergtour von Samstagabend bis Sonntagmorgen werde es schon reichen. Ich machte mich also zusammen mit einem Kameraden illegalerweise auf, mit dem Velo bis ans obere Ende des Sihlsees, von dort zu Fuss in eine Hütte, und in aller Frühe auf den Diethelm, den mittleren Gipfel des Fluhbrigs. Dann zurück, und da Gebhard gleich in die Frühmesse eilte, kehrte ich allein auf den Kommandoposten zurück. Dort wurde ich von schimpfenden Kameraden empfangen – zu Recht, denn sie hatten seit dem frühesten Morgen am laufenden Band Radio-Bulletins schreiben müssen, was eigentlich meine Aufgabe gewesen wäre. Denn die Deutschen waren an diesem Morgen in Russland einmarschiert.

Dieses Ereignis brachte für die Schweiz eine grosse Entlastung; das Zentrum der Kämpfe hatte sich verschoben, und die Deutschen hatten jetzt im Osten so viel zu tun, dass ihnen für die Schweiz kaum Zeit und Kraft übrig blieb. In der Tat sind denn auch in der zweiten Hälfte des Krieges die direkten Bedrohungen ausgeblieben. Aber völlig unbedroht und frei konnte man sich natürlich nie fühlen. Es gab zum Beispiel noch den *März-Alarm* (1943), hinter dem freilich kein realer militärischer Hintergrund stand; s. Braunschweig, «Geheimer Draht», S. 259.

Erst Anfang September 1944 gab es wieder eine handfeste Alarmierung: Die Alliierten waren (nach ihrer Invasion in der Normandie) in Frankreich soweit nach Süden gerückt, dass Kämpfe unmittelbar an der Schweizer Grenze – wieder in der Gegend des Pruntruter Zipfels – erwartet wurden. Es kam aber kaum zu Kämpfen, und so habe ich jene Zeit fast als idyllisch in Erinnerung: Warmer Herbst, eine Ahnung von Frieden in der Luft; leichte Märsche und Patrouillen im Bauernland rund um Aarburg. Hier lernte ich zum ersten Mal das Gemüse Zuchetti kennen, das man eben zu pflanzen begonnen hatte; ein Bauer hatte es uns zugesteckt, und die Stabsküche war so freundlich, es den «Nachrichtlern», die immer ihre besonderen Ideen hatten, gleich zu kochen. Und mein Quartier war ein

Bauernhaus, in dem es nach gedörrten Birnen und Zwetschgen duftete, und wo man mir erlaubte, mich nach Belieben von den vielen Früchten, die da waren, zu bedienen.

Dann gab es Ende April 1945 nochmals eine lokale «Gefahr», die aber von den meisten schon nicht mehr ganz ernst genommen wurde. Eine kleine aber entschlossene Truppenabteilung der Deutschen hatte sich, von den Franzosen eingekreist, in das Dorf Wiechs zurückgezogen, das in einer deutschen Tasche, auf drei Seiten von Schweizer Gebiet umgeben, im Norden des Kantons Schaffhausen liegt. Diese deutsche Abteilung, etwa in Kompaniestärke, wollte nicht den Franzosen in die Hand fallen und verlangte, durch die Schweiz durchgelassen zu werden. Als man ihr mitteilte, dies sei nicht möglich, machte sie ernsthafte Anstalten, sich mit Gewalt durchzuschlagen. Die Schweizer rückten darauf buchstäblich «mit schwerem Geschütz» auf, nämlich mit Infanterie und Motorkanonen; der Befehl zur Beschiessung der Deutschen war bereits erteilt – als der Korpskommandant als Deus ex macchina einschritt und den «Krieg» in letzter Minute verhinderte. Ich war damals in Schaffhausen und hörte das Ganze aus der Nähe; ein genauer Bericht darüber findet sich in Schoop: «Geschichte des Kantons Thurgau», S. 403 f.

Die deutschen Angriffspläne

Über die wirkliche Gefahr eines deutschen Angriffs kann man sich heute orientieren in dem Buch von Klaus Urner: «Die Schweiz muss noch geschluckt werden! Hitlers Aktionspläne gegen die Schweiz». NZZ-Verlag 1990; in den knappen Zusammenfassungen von Hans Senn: ‹Militärische Bedrohung› und W. Roesch: ‹Deutsche Angriffsplanungen gegen die Schweiz›, in W. Schaufelberger (Ed.): «Armee abschaffen?»,

Frauenfeld, Huber 1988; von W. Schaufelberger: ‹Die bewaffnete Neutralität der Schweiz im Kalkül ausländischer Generalstäbe›, in: «Festschrift Dietrich Schindler», Basel, Helbing & Lichtenhahn 1989.

In den Archiven der deutschen Wehrmacht haben sich nach dem Krieg viele auf die Schweiz bezügliche Dokumente gefunden. Einige davon betreffen allgemeine Planstudien, die fast nur den Sinn von «Etüden» hatten. Daneben gibt es aber auch Studien, Korrespondenzen, Landkarten und andere Dokumente, die bedrohlich aussehen. Hierzu gehört die «Operation Tannenbaum», eine seriöse Studie, die schon am Anfang des Krieges begonnen wurde.

Wie leicht ersichtlich – heute wie damals – war die Zeit unmittelbar nach dem Westfeldzug auch die Zeit der grössten Bedrohung für die Schweiz. Ein kampfstarkes und siegesgewohntes Heer hatte nach ungebrochenem Vormarsch an mehreren Stellen unsere Grenze erreicht. Die Schweiz galt als dekadent, als Schlupfwinkel von Emigranten und Zeitungsleuten, die «gegen Deutschland hetzten». Zu allem Überfluss hatten die deutschen Truppen in Frankreich noch Dokumente aufgefunden, welche bewiesen, dass General Guisan sich mit den Franzosen über gemeinsame Verteidigungsmassnahmen gegen die Deutschen abgesprochen hatte – ein Akt realistischen Denkens, denn tatsächlich stand ein deutscher Angriff auf die Schweiz (und damit die Frage, wie und mit wem zusammen man ihn abwehren könnte) im Mittelpunkt aller Überlegungen der Schweizer Armee. Aber die deutsche Führung war begreiflicherweise erbost und sprach von einem groben Neutralitätsbruch; hielt die Entdeckung aber geheim, um der Schweiz im gegebenen Moment effektvoll «die Rechnung zu präsentieren».

Von diesem gegebenen Moment ist denn auch in den deutschen Dokumenten indirekt die Rede; mehrmals taucht die Formulierung auf von der «Sonderaufgabe für die Befehl ergeht» – wobei der Schluss zu lesen ist als: «für dic zu gegebener Zeit Befehl ergehen wird.» Dass damit der Einmarsch in die Schweiz gemeint war, ist heute erwiesen; s. Urner, S. 66/67 und besonders 71.

Die Pläne, die vorher eine eher lose Form gehabt hatten, konkretisierten sich in der Zeit von Mitte Juni bis Mitte August 1940. Natürlich hatten sie immer subsidiären Charakter, denn das Hauptziel war damals England: die Luftschlacht um England war in vollem Gang, und die deutschen Sender spielten unablässig «Denn wir fahren gegen Engelland.» Aber die Schweiz wurde – immer noch im Sinne vorbereitender Massnahmen – ebenfalls in die Planung einbezogen.

Eine interessante Frage ist dabei, wie die Stärke der Schweiz von deutscher Seite eingeschätzt wurde. Hier stehen sich gegenüber: *Äusserungen* und *Massnahmen.* Bei der Truppe und angeblich auch bei Hitler waren viele verächtliche Äusserungen zu hören, etwa in dem Sinne, dass man die Schweiz «so nebenbei» einstecken wolle; s. Urner, S. 53, 73.

Diesen – unverbindlichen – Äusserungen stehen gegenüber die konkreten – und verbindlichen – Massnahmen. Wir wissen heute, dass für den Vorstoss in die Schweiz besonders gute Truppen und Truppenführer in Aussicht genommen wurden, nämlich Teile der (im Westfeldzug bewährten) 12. Armee, zusammen mit anderen hoch eingestuften Truppen. Als Kommandanten wurden in Aussicht genommen die eben zu Feldmarschällen ernannten List und Leeb. Wilhelm List, Oberbefehlshaber der 12. Armee, hatte sich im Kampf gegen Frankreich hoch ausgezeichnet; Wilhelm Ritter von Leeb, Chef Heeresgruppe C, hatte die Aktionen geleitet, mit denen die Schweiz und Frankreich im Mai getäuscht worden waren. Beide galten als Schweiz-Spezialisten.

Die tatsächlichen Massnahmen standen also in scharfem Gegensatz zu den geringschätzigen Äusserungen, die damals über die Schweiz getan wurden.

Was die «Geographie» dieser Pläne betrifft, wissen wir heute – vor allem dank Urner – gut Bescheid. In einer noch eher skizzenhaften Studie, begonnen am 25. Juni, weiterentwikkelt im August 1940, sind im Norden und Westen sechs Vorstösse vorgesehen. Genauer ist dann eine Karte, welche wenige Tage später entstanden sein muss (Tafel X bei Urner):

Sie sieht eine Trennung vor zwischen einem deutschen und einem italienischen Aktionsbereich (und Besetzungsgebiet), wobei die Grenze durch eine fast gerade Linie von Aigle nach Maienfeld gebildet wird.

Der deutsche Einmarsch sollte in folgenden zehn Kolonnen erfolgen:

Romanshorn (Landungen) – St. Gallen – Buchs
Konstanz – Wil – Ziegelbrücke
Rafz – Zürich – Weesen
Waldshut – Zürich – Arth
Basel – Olten – Luzern – Schwyz
Westlich Basel – Solothurn – Burgdorf – Entlebuch – Luzern
Saignelégier – Biel – Bern
Le Locle – Neuenburg – Bern
Pontarlier – Yverdon – Fribourg – Bern
Zangenangriff auf Genf.

Verschiedene Truppengattungen – Infanterie, Motorisierte Truppen, Panzer, Gebirgsinfanterie – sind auf jener Karte in verschiedenen Farben markiert; sie enthält auch Angaben über die Punkte, an denen Fallschirmtruppen abgesetzt werden sollten.

Bekanntlich werden Operationspläne oft nicht durch die Kommandanten selbst, sondern durch ihre Generalstabsoffiziere entworfen. In diesem Fall wissen wir genau, wer den Aufmarschplan gegen die Schweiz entworfen und ausgearbeitet hat: Wilhelm von Menges (1908–1943), ein noch junger

Hauptmann im Generalstab des Heeres; mehr über ihn bei Urner S. 52 ff. Wer wissen möchte, wie er aussah, findet auf Tafel XIII sein Bild: Unter der grossen Mütze ein sympathisches schmales Gesicht; die Augen blicken entschlossen, doch zugleich etwas verträumt. Auffallend das noch Knabenhafte der Züge, der weiche kindliche Mund...

Die Gefahr aus der Luft

Über die Luftkämpfe zwischen deutschen und schweizerischen Fliegern habe ich im Kapitel 6 berichtet. Sicher ist, dass auch dort wirkliche Gefahren herrschten, dass der Krieg für die daran Beteiligten bereits begonnen hatte.

Zu einer grossen Gefahr, diesmal nicht für Vereinzelte, sondern für Tausende, mit Opfern in der Grössenordnung von Hunderten, wurden dann die Überflüge und Bombardierungen durch die alliierten Flieger. Mit diesen befand man sich in einem peinlichen Zwiespalt: Wenn sie – in der Regel die Amerikaner bei Tag und die Engländer bei Nacht – die Schweiz mit ihren Bombenlasten überflogen, so verletzten sie unsere Neutralität, aber gleichzeitig waren sie «auf unserer Seite». Wie man sich da verhalten sollte, das war das Problem unserer Flugabwehr.

Diese Bomber nun, eigentlich Freunde, bildeten für die schweizerische Zivilbevölkerung eine grosse Gefahr; denn man wusste nie, ob sie ihre Bomben abwerfen würden, und wo. Es gab deshalb bei ihrem Erscheinen Fliegeralarm, die bekannte auf- und abschwellende Sirene, mit welcher theoretisch die Pflicht verbunden war, die Schutzräume aufzusuchen. Diese Pflicht wurde sehr unterschiedlich gehandhabt: Wenn lange nichts passiert war, ging man seiner Arbeit trotzdem nach und schlief auch lieber im Bett als im kalten Keller.

Aber von Zeit zu Zeit schlug dann das Schicksal doch zu: die Bomben fielen – wie heute feststeht, so gut wie immer aus Irrtum, nur in einigen wenigen Fällen möglicherweise aus Absicht. Für diejenigen, die meinen, es sei in der Schweiz im Krieg nicht gefährlich gewesen, folgen hier einige Zahlen:

Insgesamt wurden in der Schweiz 7379 Fliegeralarme ausgelöst. 23 fremde Flugzeuge stürzten in der Schweiz ab, während 188 normal landen konnten. Dabei kamen 40 Mann fremder Flugzeugbesatzungen ums Leben, und 1620 Mann wurden in der Schweiz interniert.

Unter der schweizerischen Bevölkerung fanden 84 Personen den Tod durch fremde Flieger und 260 Menschen wurden verletzt.
(Aus: «Dokumente des Aktivdienstes», hg. v. H. R. Kurz, Frauenfeld, Huber, 1965).

Im Gedächtnis geblieben ist den Schweizern vor allem der amerikanische Angriff auf Schaffhausen am 1. April 1944, durchgeführt von drei Wellen von je 24 schweren Liberator-Bombern, bei dem etwa 400 Spreng- und Brandbomben abgeworfen wurden. Ergebnis: 40 Tote, 100 Verletzte, 55 Grossbrände. Er war das schlimmste Ereignis dieser Art; daneben gab es aber viele andere Bombardierungen – Bahnhofsgelände von Zürich, Lausanne/Renens und Basel, mit schwersten Resultaten, Rafz, Stein am Rhein, Lausanne, Tagesangriff auf die Thurbrücke bei Pfyn – um nur die zu nennen, die mir selber in Erinnerung geblieben sind.

Eine der Staffeln, welche Schaffhausen oder dessen Umgebung bombardierten, habe ich von Frauenfeld aus selbst gesehen; es gab Fliegeralarm; aber ich war gerade unterwegs in der Stadt und kümmerte mich nicht darum. Es war klares Wetter, und man hörte das typische Bomber-Gebrumm: die zahlreichen Motoren einer Staffel liefen mit nicht gleicher Geschwindigkeit; aus den Superpositionen der einzelnen (nicht ganz synchronen) Geräusche ergab sich ein langsam auf- und abwärts schwellender typischer Orgelton, an dem man sogleich erkannte, dass es sich nicht um eine einzelne Maschine, sondern um viele handeln musste. Und dann, ganz hoch am blauen Himmel, waren sie auch schon zu erkennen, silberne Mücken in einem grossen Schwarm. Ich hatte vorher nie so hoch fliegende Flugzeuge gesehen; heute schätze ich die Höhe auf über 5000 Meter. Tatsächlich hatte in jener Zeit die Technik einen grossen Schritt gemacht; erstmals konnte in solchen Höhen regulär geflogen werden. In jene Zeit fällt denn auch die Entwicklung der Druckkabine, die sich nach dem Krieg für die zivile Luftfahrt als so wichtig erwiesen hat. Nur vom Düsenantrieb wussten damals die Schweizer noch nichts; er befand sich im Stadium der Entwicklung und geheimen Erprobung.

Der gefährliche Aktivdienst

Die Gefahren kamen nicht nur von aussen und von oben. Der Militärdienst, der täglich von abertausenden geleistet wurde, barg seine eigenen Gefahren, und ihrer waren nicht wenige. Man denkt natürlich vor allem an die Schiessunfälle, und die gab es auch: beim Scharfschiessen gab es Prellschüsse, die, von Felsen abgelenkt, auf die Mannschaft zurücksprangen; zu tiefes Zielen beim Überschiessen von vorrückender Infanterie führte zu Unfällen; bei den Minenwerfern rächte sich schon die kleinste Unaufmerksamkeit; gelagerte Munition explodierte aus irgend welchen Gründen; Handgranaten gingen im falschen Moment los – in Albin Zollingers Roman «Bohnenblust» kommt der Held auf diese Weise um.

Neben diesen eigentlich militärischen Gefahren gab es auch in der Armee zivile der gewöhnlichsten Sorte: Abstürze in den Bergen, Unfälle von Motorfahrzeugen, oft mit schweren Folgen; dazu kamen die Unfälle, die sich wegen der Verdunkelung ereigneten. Bekanntlich durfte während mehrerer Jahre keine Strassenbeleuchtung angezündet sein (mit Ausnahme schwacher blauer Lampen), und aus den Häusern durfte nicht der kleinste Lichtschein dringen. Darum war denn auch nachts die Unfallgefahr für jedermann höher als zu normalen Zeiten, und für den Soldaten, der bekanntlich oft nächtlich aktiv ist, war sie besonders hoch. Nach dem Ersten Weltkrieg hat man den im Dienst verstorbenen Soldaten Denkmäler gesetzt; nach dem Zweiten hat man diese mit Erinnerungstafeln ergänzt. Eine Zahl konnte ich nicht ermitteln.

So viel ist sicher: Die Zeit des Zweiten Weltkriegs war für die Schweiz voller Gefahren, die jedermann in Anspruch nahmen. Die Idee, dass man damals ein relativ gefahrloses Leben und damit die Gelegenheit gehabt hätte, an alle möglichen internationalen Fragen und Pflichten zu denken, ist total falsch.

An den Schluss dieses Kapitels setze ich die Erinnerung an eine kleine Episode aus dem Aktivdienst, welche noch einmal zeigt, wie völlig neuartige Gefahren plötzlich aus dem Nichts entstehen konnten. Ich habe diese Geschichte nicht selber erlebt, aber ein Kamerad hat sie 1960 im Militärdienst erzählt: «Wisst ihr noch, damals im Schaaren, wie uns die Minen scharf geworden sind?» Folgendes war passiert: In den Krisentagen vom Mai 1940 wurden im Schaarenwald östlich Schaffhausens von den Schweizern eine grössere Anzahl von Panzerminen gelegt; sie kamen einen halben Fuss unter die Erde, wurden mit Rasenziegeln zugedeckt und sorgfältig getarnt.

Diesmal glaubte man es besonders schlau zu machen: Man liess die Sicherheitsstifte in den Minen stecken, so dass diese noch gesichert waren. An den Ring jedes Stiftes knüpfte man eine lange Schnur; alle diese Schnüre liefen in einem (in sicherer Entfernung befindlichen) Unterstand zusammen und wurden dort angebunden.

Nun konnte man warten, bis der Feind kam, und erst dann durch Ziehen der Schnüre die Minen entsichern. So glaubte man. In der Nacht aber regnete es gründlich; die Schnüre verkürzten sich, zogen die Sicherheitsstifte heraus, und am Morgen waren alle Minen scharf. Wie man sie wieder geborgen und entschärft hat – dies geschah (nach genauer Lektüre des Minenplans) durch behutsames schräges Stochern mit dem Bajonett und ebenso behutsames Ertasten des gefährlichen Objekts – hat er nicht mehr erzählt.

9) Die Flüchtlinge

Was man heute sagt:

Es heisst: «Wir» waren unmenschlich. «Wir» – das heisst die schweizerische Kriegsgeneration – haben Tausende von Flüchtlingen an der Grenze zurückgewiesen und damit wissentlich in den Tod geschickt.

«Ein düsteres Kapitel der Schweizergeschichte». «Dies wirft einen tiefen Schatten auf die Eidgenossenschaft des Zweiten Weltkrieges». So und ähnlich lauten unsere Zensuren.

Wenn ich im folgenden mit privaten Erinnerungen und öffentlichen Tatsachen gegen diese Meinung angehe, muss ich das folgende vorausschicken: Jedem unschuldigen Flüchtling, der während der Nazizeit an der Schweizer Grenze zurückgewiesen und deshalb in Deutschland getötet wurde, gebührt unser tiefes Mitgefühl. Dieses Mitgefühl darf aber niemals dazu führen, dass Menschen – seien sie nun Schweizer oder andere – denen keine Schuld nachgewiesen werden kann, angeklagt und verurteilt werden.

Der Vorwurf, wir Schweizer hätten Flüchtlinge wissentlich in den Tod geschickt, ist jünger als man meint. Ich hörte (und sah) ihn zum ersten Mal in den 60er Jahren: In einer Wochenzeitung stand ein Aufsatz von W. Diggelmann über die Flüchtlinge in der Kriegszeit. Als Titelbild davorgesetzt war die Zeichnung eines Schweizer Soldaten mit Helm und aufgepflanztem Bajonett, der einer bittenden Flüchtlingsmutter den Weg versperrt.

Dass die Zeichnung ein Phantasieprodukt ohne Wahrheitswert war, war für jemand, der in jener Zeit Soldat war, offensichtlich: An den Grenzübergängen standen (ausser an einigen wenigen Krisentagen, u. a. im September 1943 und im

April/Mai 1945) nie Soldaten; die Grenzkontrolle hatten immer Grenzwächter und Zöllner. Ganz sicher wäre eine Grenzkontrolle auch nicht mit aufgepflanztem Bajonett gemacht worden; schon darum nicht, weil der Kontrollierende, um sich die Ausweise anzusehen, die Hände frei haben muss. Mein erster Eindruck deshalb: Wieder einmal geht es gegen die Armee. Die grosse Mehrzahl derjenigen, die nicht näher über die Vergangenheit Bescheid wussten, musste aber die Zeichnung als authentisch empfinden. Ich war erschüttert und zornig: Soll das einmal die Erinnerung sein, die von unserer Generation, von ihrem Verhalten und vom Aktivdienst bleibt? Und leider habe ich das «Dokument» sofort weggeworfen.

Aber das war nur der Anfang. Nachdem die Schweiz bis in die Mitte der Sechzigerjahre, also etwa zwei Jahrzehnte lang, «Schonzeit» gehabt hatte, setzte nun ein Trommelfeuer von Vorwürfen ein. Noch jetzt geht es fast pausenlos über meine Generation nieder: Unmenschlich seien «wir» gewesen etc., «Wir» hätten nicht wissen *wollen*, was man ohne weiteres hätte wissen können: dass die Juden in Deutschland dem Tod geweiht seien. «Wir» müssten uns noch heute schämen, müssten uns entschuldigen. «Wir» müssten «die Vergangenheit bewältigen» – allerdings ohne dass man uns sagt, was das heisse, ausser vielleicht: die damalige Generation müsse sich gefälligst zutode schämen.

Eine einzige Woche (im November 1995) brachte folgendes

- In Zürich wurde die Ausstellung «Anne Frank und wir» eröffnet, wobei mit dem «wir» auf «unsere Schuld» gegenüber den Flüchtlingen hingewiesen, unser «nicht-wissenwollen» gerügt, und noch mehr «Vergangenheitsbewältigung» gefordert wurde.
- Es begann der (postume) Rehabilitationsprozess für Paul Grüninger, der wegen des «illegalen» aber humanen Ein-

lassens von Flüchtlingen seinerzeit bestraft wurde – s. das Kapitel «Caritas». Ein gerechter und nötiger Prozess, der aber in den Medien von einer Menge von pauschalen Anklagen gegen die damaligen Schweizer begleitet wurde.

Es widerstrebt mir, angesichts der ungeheuren Leiden der damaligen Juden, mich für Menschen einzusetzen, die ihnen möglicherweise ebenfalls etwas angetan haben. Aber genau das muss ich hier tun. Denn wenn in der Nachbarschaft ein grosses Verbrechen geschieht, so darf das nie dazu führen, dass man eine Gruppe von Menschen, deren Schuld nicht sicher erwiesen ist, und für die es in jedem Fall mildernde Umstände gäbe, pauschal und dauernd in den Anklagezustand versetzt. Dieses «Sündenbockprinzip» – s. auch das Kapitel «Wie kam es zur ‹sündigen› Schweiz?» – verbieten sowohl die nationalen Gesetze als auch Artikel 11 der Menschenrechte.

Noch einmal, damit man mich nicht falsch versteht: Die Leiden der vom Dritten Reich Verfolgten dürfen auf keinen Fall abgeleugnet oder verkleinert werden. Aber der gerechte Abscheu vor den damals in Deutschland verübten Verbrechen darf nicht auf einige oder alle Schweizer übertragen werden, solange deren individuelle Schuld nicht feststeht.

Meine Erinnerungen:

Das «unmenschliche» Verhalten gegenüber den Flüchtlingen ist der schwerste Vorwurf, den die Schweiz von Schweizern bekommt. Deshalb muss hier der Entlastungszeuge besonders ausführlich reden, und man muss ihn, auch wenn er aus Gewissenhaftigkeit vielleicht allzu detailliert berichtet, mit Geduld anhören.

Ich spreche nun in einem ersten Teil von den mir persönlich bekannten Flüchtlingen. In einem zweiten Teil schliesse ich einige allgemeine Überlegungen an.

Persönliche Erinnerungen an Flüchtlinge.

Der erste Flüchtling, den ich sah, war ein junger, frisch verlobter Pfarrer; entweder er oder seine Braut war jüdisch, und das Paar floh in die Schweiz. Mein Vater hatte vorher mit ihm korrespondiert, möglicherweise ging es um etwas Historisches; ob er ihm bei der Flucht irgendwie geholfen hat, weiss ich nicht mehr. Auf jeden Fall befand sich das Paar im Herbst 1938 im Heinrichsbad bei Herisau, sei es, dass M. dort Anstaltspfarrer war, sei es, dass die beiden lediglich dort Unterkunft hatten.

Nun traf es sich, dass ich damals die Infanterie-Rekrutenschule in Herisau absolvierte; wir exerzierten bei grosser Augusthitze auf dem Kreckel, dem dortigen Exerzierplatz, der direkt ans Heinrichsbad angrenzt. Von dort, sofern ich in die betreffende Richtung blicken durfte, sah ich oft ein junges Paar im kühlen Schatten der alten Bäume des Heinrichsbad-Gartens wandeln, und da ich wusste, dass die M.s dort waren, identifizierte ich sie leicht, nicht ganz ohne den (unschönen aber verständlichen) Gedanken «Die habens gut».

Die RS ging vorbei, Pfarrer M. bekam eine Stelle (in Kappelen oder Aarberg), und von ihm erhielten wir jedes Neujahr eine schöne Karte, in der er nicht nur uns alles Gute wünschte, sondern auch den «donnernden Sturz der Tyrannen» voraussagte, was uns immer einen positiven Impuls gab. Später habe ich ihn dann aus den Augen verloren.

Auch an der Uni, wo ich ab 1937 Anglistik und Germanistik studierte, gab es viele Flüchtlinge. Englisch studierten u. a. die hochdeutsch sprechenden Herren Oelbaum, Blatt und Dannenberg, alle drei stille und intensiv arbeitende Kommilitonen. Man wusste nicht, und fand es auch nicht nötig, zu fragen, ob sie Juden seien; bei jüdisch klingenden Namen nahm man es an. Aber eine Rolle spielte es für uns Schweizer Studenten nicht. Kein Jude, aber ebenfalls ein Flüchtling, weil deutscher Dienstverweigerer, war mein Studienkollege und Bekannter, Herr V., über dessen Mutter ich gleich ausführlich berichten werde.

Am deutschen Seminar war ich ein Semester lang in einem Kurs über praktische Literaturkritik. Dort traten zwei Studenten besonders hervor: Herr Weil und Herr Baum-Jungk. Beide waren brillant und gegen uns weniger Gescheite etwas herablassend. Vom zweiten erinnere ich mich noch gut an eine hinreissende Kritik über das Stück von Walter Lesch «Jedermann 1938», ein modernes Jedermann-Drama. Der Rezensent gab seiner Arbeit den Untertitel «Jedermann oder die Schwäche des Herzens», und er führte darin in drei Teilen aus, wie die Hauptfigur Jedermann an Herzschwäche gestorben sei, wie das Stück zeige, dass die Menschen gegeneinander nur ein «schwaches», zu Wohltaten unfähiges Herz hätten, und schliesslich, dass leider auch das Stück als ganzes etwas schwach auf der Brust sei.

Ich bewunderte den Verfasser sehr für seine schriftstellerische Leistung, und wenn man mich gefragt hätte, hätte ich ihm wahrscheinlich eine brillante Zukunft vorausgesagt. Leider hat mich niemand gefragt, denn ich hätte recht behalten: Aus diesem Studenten wurde später der weltberühmte Publizist Robert Jungk.

Sicher waren wir hiesigen Studenten nicht ganz frei von Neid; es stellte sich das gleiche Symptom ein wie oft auch noch heute: Die ein wenig schwerfälligen Schweizer mussten zusehen, wie die «figelanten» Deutschen rasch und flüssig ihre Gedanken vortrugen und schon viel Gescheites gesagt hatten, ehe wir nur dazu kamen, die Hand zu heben. Aber dieses Gefühl galt «den Deutschen»; dass einige von ihnen auch Juden waren, blieb völlig im Hintergrund.

Weiter, leider nur von Ferne: eine wunderschöne schwarzäugige Studentin namens Oscherowitsch, wie sie selber sagte, russische Jüdin; ferner die Freundin eines Freundes, eine lustige Person aus Rumänien, die ein herziges gebrochenes Österreichisch sprach.

Später, bei einem Aufenthalt in einer Genfer Pension, lernte ich den bekannten Pianisten Ernst Lévy kennen, den ich für einen Flüchtling hielt. In Wirklichkeit war er ein Schweizer, der aber auf die amerikanische Einreisebewilligung wartete. Er konnte hinreissend lustige Geschichten von seinen Tourneen erzählen, etwa die von einem Konzert in einer provenzalischen Kleinstadt: Im Publikum sass eine junge Mutter mit einem Säugling, der immerfort laut brüllte und auf keine Weise zu beschwichtigen war. Endlich rief ein einfacher Mann aus dem Publikum in breitestem Südfranzösisch: «Etouffe-le, petite mère, je t'en ferai un autre!», worauf sich sogar das Baby beruhigte.

Nur entfernte Bekannte waren Mme. Marx und ihre Tochter Mme. Stern, die beide auch in jener Pension wohnten. Alle harrten darauf, nach Amerika weiter zu reisen; aus dem Lexikon sehe ich, dass es Ernst Lévy gelungen ist.

Diese Leute waren Emigranten; und erst jetzt kommt es mir in den Sinn, dass man damals das Wort «Flüchtling» überhaupt noch kaum gebrauchte. «Emigrant», das suggeriert eine geordnete Ausreise, vielleicht sogar unter Mitnahme von Gütern, und das galt am Anfang noch für viele. «Flüchtling» dagegen suggeriert Armut und unmittelbare Verfolgung. Von Flüchtlingen sprach man im Volk – wenn ich mich nicht täusche – vor allem im Frühling 1945 und meinte die am Schluss des Krieges massenhaft einströmenden Verfolgten aller Nationen: Zwangsarbeiter, KZ-Befreite, Nichtdeutsche oder Deutsche. Und Flüchtlinge hiessen später die vor den Russen fliehenden Deutschen. Erst viele Jahre hinterher lese ich in dem Buch «Anne Frank und wir» (Chronos Verlag 1995, S. 41), dass bei den Behörden eine offizielle Unterscheidung gemacht worden ist. Dies wird mir von Herrn Hugo Schwaller vom Flüchtlingsamt wie folgt bestätigt:

Emigranten: Personen, die vor Kriegsbeginn in die Schweiz einreisten; sie erhielten kantonale, laufend verlängerte Toleranzbewilligungen, mit denen sie in der Schweiz bleiben konnten.

Flüchtlinge: die später Eingereisten. Sie verfügten nicht über Toleranzbewilligungen und wurden deshalb zum Teil interniert. Zivilflüchtlinge wurden aufgenommen nach dem Völkerbundabkommen von 1937, gemäss welchem Flüchtlinge nicht in den Verfolgerstaat ausgeliefert werden dürfen.

Dieser Unterschied war damals mir und wohl den meisten Schweizern unbekannt. Heute spricht man nur noch von Flüchtlingen und kaum mehr von Emigranten.

Frau V., «unser Flüchtling».

Ausführlicher sind meine Erinnerungen an Frau V., «unseren» Familien-Flüchtling.

An einem Winterabend – es war später November oder früher Dezember 1939, und ich hatte eben meinen Studienurlaub angetreten – läutete es an unserer Haustür. Davor stand eine ältere Frau, gescheites, faltenreiches Gesicht, sie kam mir damals etwas wie eine alte Indianerin vor. Sie stellte sich vor: Mutter des aus Deutschland ausgewanderten Germanistik-Studenten Werner V., mit dem ich, bevor er 1938 nach Amerika abgereist war, studiert und freundschaftlich verkehrt hatte. Sie selbst hatten wir vorher nie gesehen. Ob sie Jüdin oder Halbjüdin war, weiss ich nicht mehr; das interessierte uns nicht, und wir haben sie vielleicht gar nie gefragt.

Sie war Journalistin, politisch eher links, jetzt ein Flüchtling, hatte bereits in Freiburg/Breisgau im Gefängnis gesessen – «bekannte Links-Skribentin verhaftet», hiess es damals in den offiziellen Zeitungen – später erzählte sie uns dann auch, wie es im Gefängnis zuging: Erste Frage der Mitgefangenen: «Wieviel haste?» Und die zweite: «Warum sitzte?». Auf die zweite sagte sie «Politisch», was aber höhnisches Gelächter hervorrief: «Ach, das kann jede sagen». Denn die «Politischen», das waren die, die eigentlich nichts ausgefressen hatten, im Gegensatz zu den andern, den Taschendiebinnen, Kupplerinnen und was noch.

Da stand sie also vor der matt beleuchteten Haustür, und es war kalt. Wie sie gekommen sei? In Konstanz-Kreuzlingen über die Schienen. Später erfuhren wir die Wahrheit: Als «Notfall» getarnt, von einem Schweizer Arzt über die Grenze gefahren. Aber das «Gleisdreieck» bei Kreuzlingen-Konstanz blieb als illegaler Übergangsort irgendwie sprichwörtlich – auch einige der deutschen Saboteure vom 14. Juni 1940 (s. «Die Luftkämpfe») sind offenbar dort herübergekommen.

Wir brachten Frau V. vorerst in einem «Alkoholfreien» unter, in dem wir selber oft Sonntags assen; später bekam sie dann ein Zimmer in einem Haus in der Altstadt. Von dort erzählte sie uns später die sensationellsten Geschichten. Dass sie, als sie einmal auf den Zwischenstock musste, morgens um fünf den bestbeleumdeten Professor X. mit der ebenfalls bestbeleumdeten Witwe Y. habe herunterkommen sehen, beide eng umschlungen. Dass und wie die Frau des Vermieters ihren Bandwurm losgeworden sei. Dies und dergleichen berichtete sie uns mit der Kunst des vollendeten Erzählers. Es kam uns vor, Frau V. sei durch ihre soziale Zwischenstellung in der Lage, mühelos einen für uns zu schweren Deckel zu heben und das sonst so harmlose Frauenfeld als brodelnden Topf von attraktiven Sünden erscheinen zu lassen.

Doch das war nicht das Wichtigste. Sie gab uns hochinteressanten Bescheid über die zeitgenössischen Verhältnisse in Deutschland. Selbstverständlich ohne von den Todeslagern zu sprechen, denn von ihnen wusste sie so wenig wie wir - siehe das Kapitel «Wie viel wussten die Schweizer?». Und sie führte uns auch in die ihr vertraute zeitgenössische linksliberale Literatur. Ich erinnere mich, mit grossem Gewinn den Bericht des Arztes und Schriftstellers Martin Gumpert über die Weimarer Republik und die frühe Nazizeit, «Hölle im Paradies», gelesen zu haben, den sie mir zusteckte. Irgendwie hatte sie offenbar auch Bücher mitnehmen können.

Die gemeinsamen Mittagessen oder auch Abende bei uns waren voller lustiger Berichte. Als man einmal auf ihren verstorbenen Mann zu sprechen kam, rief sie «Ach, der traditionelle Selige!»; ein anderes Mal berichtete sie, wie ihre zwei Kinder, als sie ihnen im tiefen Rhein kühn vorausschwamm, ihr zuriefen: «Mutti, mach uns nicht noch zu Vollwaisen!» Aber auch in der ganzen klassischen Literatur war sie zuhause. Zitieren konnte sie freihändig, und der Frage, ob Friederike Brion nicht doch ein Kind von Goethe gehabt habe, war sie lange mit wechselndem Erfolg nachgegangen.

Unterdessen hatte mein Vater freilich allerlei Sorgen, die sich auf die zivile und finanzielle Seite unseres Gastes bezogen. Wie es mit dem Geld stand, weiss ich nicht mehr – glückliche Jugend, die solchen Nebensächlichkeiten keine Beachtung schenkt. Wohl aber erinnere ich mich deutlich, dass mein Vater immer wieder aufs Bezirksamt gehen musste, um dort für Frau V. zu plädieren, will sagen, ihre Aufenthaltsgenehmigung zu verlängern. Das gab, so viel ich mich erinnere, ziemliche Kämpfe; denn, obwohl Vater zu den Honoratioren gehörte, konnte er keine Privilegien beanspruchen. Er und Dr. S. in Kreuzlingen, der sich ebenfalls für Frau V. einsetzte, gaben eine Art Garantie, dass sie nicht dem Staat zur Last fallen würde; möglicherweise musste auch eine Kaution hinterlegt werden.

Im Herbst 1940 fand sich dann eine lustige wenn auch provisorische Lösung: Frau V. wurde Aushilfs-Winzerin in der

Karthause Ittingen. Hinterher hörten wir freilich, sie habe die andern Winzer bis in den späten Abend hinein noch zum Singen animiert und durch ihre Degagiertheit überhaupt zu einer gewissen Unbotmässigkeit verleitet. Möglicherweise bekam mein Vater sogar vom Gutsherrn Vorwürfe für seine Empfehlung.

Wie dem auch sei, der Herbst verging, und nochmals musste ein Winter durchgestanden werden, bis sich endlich, nach Überwindung vieler bürokratischer und finanzieller Hindernisse, der Weg öffnete, den Frau V. schon lange gesucht hatte: Sie konnte aus der Schweiz ausreisen und zu ihrem Sohn nach Amerika fahren.

Wir haben nie wieder etwas von ihr gehört. Da wir ihre Adresse nicht hatten, konnten wir ihr nicht schreiben. Auch ihr Sohn hat sich nie gemeldet.

Allgemeines über die Flüchtlinge.

Bei der Betrachtung der Flüchtlingsprobleme jener Zeit ist es wichtig, dass man die räumlichen und zeitlichen Verschiedenheiten beachtet. Dies tun die meisten heutigen Berichterstatter nicht, vermutlich nicht aus bösem Willen, sondern eher, weil sie nicht im damaligen «raum-zeitlichen Kontinuum» gelebt haben. Sie betrachten alles statisch, als habe es nie eine Veränderung gegeben, und sie tun so, als ob die Grenzposten der einzige Ort seien, in dem sich das Schicksal der Flüchtlinge abgespielt hätte. Das ist falsch, denn die Verhältnisse haben zeitlich und auch räumlich stark gewechselt. Das erste, was wir zu tun haben, ist also, die räumlichen und zeitlichen Verschiedenheiten zu betrachten.

Die zeitlichen Verschiedenheiten.

Die offiziellen Berichte scheiden, wie schon gesagt, zwischen Emigranten und Flüchtlingen; den letzteren Begriff gebrauchen sie nur für die *nach* Kriegsbeginn in die Schweiz Eingereisten. Die meisten der heute im Umlauf befindlichen Flüchtlings-Statistiken sagen deshalb nichts über die vielen tausend Menschen – mögen sie nun offiziell Flüchtlinge oder Emigranten heissen – die vor dem 1. September 1939 in die Schweiz kamen. Wer von den in Deutschland Bedrohten die Zeichen der Zeit lesen konnte und wer den schmerzlichen Entschluss zum Abschied von der deutschen Heimat fassen wollte, dem wurden von der Schweiz längere Zeit keine schweren Hindernisse entgegengestellt. Thomas Mann zum Beispiel ist schon im Herbst 1933 in Küsnacht/Zürich eingezogen. Bei Kriegsausbruch waren etwa 7000 Emigranten in der Schweiz, nach andern Angaben 10 000. Aber dies waren im Verhältnis zur späteren Zeit wenige; den deutschen Juden fiel es besonders schwer, ihr Land zu verlassen; denn die Juden waren vielleicht nirgends so gut integriert wie in Deutschland.

Über die Gesamtzahl der bis 1939 in die Schweiz Emigrierten herrscht eine gewisse Unklarheit, was damit zusammenhängen mag, dass es sich hier um kantonale Statistiken handelte. (S. A. Schoop, «Geschichte des Kantons Thurgau», S. 349). Nach der «Kristallnacht», dem Judenpogrom vom 10. November 1938, entschlossen sich besonders viele zur Flucht: «Eine neue Welle von Flüchtenden erreichte die Grenzorte, einzelne kamen illegal; andere mit Arbeitsbewilligungen blieben aus Furcht vor Verfolgung in der Schweiz.»

Es gab also eine Zeitspanne von etwa 6 Jahren, während der die Flucht in die Schweiz gewiss nicht problemlos, aber immerhin für viele ein Ausweg war. Wer damals flüchtete, kam herein, und das waren Zehntausende – die in den Statistiken nicht als Flüchtlinge figurieren, weil nach dem Sprachgebrauch der Ämter nur die nach dem 2. September 1939 Eingereisten als «Flüchtlinge» gezählt wurden. Wer die Phantasie walten lässt, wird sich auch sagen, dass von diesen Eingereisten, wie immer man sie nennen will, Tausende von der Schweizer Wohltätigkeit lebten – wie ich es am kleinen Beispiel der Frau V. erlebt habe. Unzählige Schweizer Familien hatten wie wir «ihren Flüchtling»; später, als die Möglichkeiten erschöpft waren, musste man die Zugereisten dann vermehrt in Lagern unterbringen.

Die nun folgenden Zahlen stützen sich auf zwei offizielle Dokumente:

1. den 1957 publizierten *Ludwig-Bericht,* der auch als Buch erschienen ist: Carl Ludwig: «Die Flüchtlinge der Schweiz in den Jahren 1933 bis zur Gegenwart», Neudruck.
2. den im Herbst 1996 erschienenen Bericht: «Die Schweiz und die Flüchtlinge 1933–1945», Bern, Paul Haupt, hier *Bericht 1996* genannt. Dieser bringt veränderte Zahlen auf Grund neuer Recherchen. Neu beigebracht wurden dabei praktisch nur Dokumente über *weggewiesene Flüchtlinge.* Deren Zahl hat sich dementsprechend gegenüber dem Ludwig-Bericht erhöht. Die im *Bericht 1996* (S. 85 ff.) aufgeführten Zahlen der *eingelassenen Flüchtlinge* – sehr wichtig für die Beurteilung der damaligen Schweiz – stimmen dagegen genau mit dem Ludwig-Bericht überein; sie sind unverändert von dort übernommen. Hier sind also neue Recherchen entweder nicht durchgeführt oder aber abgebrochen worden.

Leider weist der neue Bericht auf diese «historiographische Asymmetrie» nicht deutlich hin, so dass die meisten Leser sie glatt übersehen. Verschiedenen Spuren wäre noch nachzugehen. Es ist zum Beispiel denkbar, dass – im Gegensatz zu den heute oft gehörten Behauptungen –

mehr Zulassungs-Akten als Rückweisungs-Akten vernichtet wurden.

Leider ist kein Versuch gemacht worden, die Zahl der *illegal* Eingereisten und im Lande Belassenen mit Hilfe von neueren Mitteln wie Umfragen, Hochrechnungen (annähernd) zu erfassen. Auch diese Lücke ist im Bericht nicht deutlich erwähnt.

Zahlenmaterial, zum Teil heute überholt, liefert auch das im Zusammenhang mit der Zürcher Ausstellung erschienene Buch «Anne Frank und wir», Chronos Verlag 1995.

Wenn ich sagte, dass die zeitlichen Unterschiede zu wenig berücksichtigt worden sind, so meinte ich dies: Es wird übersehen, dass zu verschiedenen Zeiten ganz verschiedene Bedingungen herrschten. Je nach den Verhältnissen erteilten nämlich die Behörden strengere oder mildere Weisungen. Das Buch «Anne Frank» notiert (S. 38 f.) u. a. folgende wichtige Daten:

1942
4. August: Der Bundesrat beschliesst vermehrte Rückweisung von Flüchtlingen.
13. August: «Flüchtlinge aus Rassengründen sind zurückzuweisen».
23. August: Gertrud Kurz und Paul Dreyfus können Bundesrat von Steiger teilweise umstimmen: In besonderen Fällen keine Rückweisung.
29. Dezember: Neue verschärfte Weisungen.

1943
26. Juli: Gewisse Milderung der Weisungen vom 29. Dezember 1942.
September: Nach der Kapitulation Italiens fliehen ca. 25 000 Personen aus Italien in die Schweiz.

1944
Frühjahr: Die Kinderhilfswerke betreuen 4000 Flüchtlingskinder. Der Bundesrat anerbietet sich, 14 000 Juden aus Ungarn zu übernehmen.
12. Juli: Die Weisung «Flüchtlinge aus Rassengründen» wird gestrichen.
September bis November: 14 000 Kinder mit 2000 Müttern aus Frankreich, sowie 1000 Kinder mit Müttern aus dem Val d'Ossola gelangen in die Schweiz.
1. Dezember: Anzahl der fremden Soldaten und Flüchtlinge in der Schweiz 103 162.

Dieser Tabelle, die wir hier nur auszugsweise wiedergegeben haben, ist zu entnehmen, dass es neben den Einzelflüchtlingen auch gewaltige, von Schweizer Behörden organisierte Kollektiv-Transporte von Flüchtlingen gegeben hat. Ganz allgemein ergibt sich aus ihr das Bild einer lebhaften Aktivität zugunsten der Flüchtlinge. Dies wiederum betrifft nur die offiziellen Aktionen und sagt nichts über die (ausgedehnte) private Hilfe und Mildtätigkeit.

Eine wichtige Frage ist nun die: Zeigt sich eine Korrelation zwischen den jeweiligen behördlichen Weisungen und den jeweiligen Rückweisungszahlen?

Was ich in der ersten Auflage dieses Buches als Vermutung geäussert habe, wird auf Seite 88 des *Berichts 1996* – nicht durch den Text, wohl aber durch die Zahlen – bestätigt: Es zeigt sich kein überzeugender Kausalzusammenhang in dem Sinne, dass eine Verschärfung der amtlichen Bestimmungen mehr Rückweisungen (oder weniger Einreisen) zur Folge gehabt hätte und umgekehrt. Zum Beispiel sind – nach der am 13. August 1942 erfolgten Verschärfung der Bestimmungen – die Einreisen im darauffolgenden Monat «sprunghaft» angestiegen. Auch dies ist ein Sachverhalt, der noch wissenschaftlich zu hinterfragen wäre.

Die räumlichen Verschiedenheiten

Der *Bericht 1996* gibt (auf S. 87 und 94) folgende Statistik:

Aufgenommene Flüchtlinge 1939–1945: 51 129
Abgewiesene Flüchtlinge 1939–1945: 24 398.

Die beiden Zahlen haben, wie schon gesagt, verschiedene Grundlagen. Die erste ist unverändert aus dem Ludwig-Bericht von 1957 übernommen; es sind lediglich 3889 Einreisen abgezogen, welche *nach* Kriegsende erfolgten. Hier wurden also keine neuen Ergebnisse geliefert.

Zur Zahl der Rückweisungen, bei Ludwig noch mit 10 668 angegeben, sind dagegen intensive Recherchen angestellt worden; sie hat sich durch neu aufgefundene Dokumente, wie zu erwarten, gegenüber Ludwig beträchtlich erhöht.

Setzt man die beiden Zahlen in Prozente um, so hiesse das, dass 68% angenommen und 32% zurückgewiesen worden wären. Wir müssen aber diese Zahlen weiter hinterfragen; es wird sich zeigen, dass sie der Korrektur bedürfen.

Welche Flüchtlinge wurden zurückgewiesen? In der Regel sicher die, welche nicht die richtigen Papiere hatten, das hiess meistens: kein schweizerisches Visum. Nun denkt man sich heute natürlich, man hätte sie trotzdem hineinlassen sollen, und das ist sicher human gedacht. Man muss sich aber die damalige Situation genauer vorstellen, als dies heute geschieht. Wer heute von Flüchtlingen redet, der stellt sich meist Frauen und Kinder vor, oder Männer, denen man ihre Harmlosigkeit auf den ersten Blick ansieht. Leider war die damalige Wirklichkeit anders. Es gab unter denen, die über die Grenze wollten, sehr verschiedene Figuren, und nicht alle, die harmlos aussahen, waren auch harmlos. Im Bericht über die Luftkämpfe zwischen Deutschen und Schweizern (s. Kapitel 6) heisst es, dass die Führung der deutschen Luftwaffe – erzürnt über die Verluste, die sie von Seiten der Schweizer Flieger hatte hinnehmen müssen – im Juni 1940 eine Anzahl von Saboteuren in die Schweiz schickte, mit dem Auftrag, möglichst viele Schweizer Flugzeuge am Boden zu zerstören. Von diesen Saboteuren kamen die meisten illegal in die Schweiz. Zwei von ihnen probierten es auf dem legalen Weg: Sie versuchten, bei Martinsbruck als harmlose Reisende getarnt in die Schweiz einzureisen. Der eine war ein Schweizer, der andere wurde vom Grenzposten angehalten, *weil er kein Visum hatte*. Ein Visum zu verlangen war also mehr als eine bürokratische Schikane.

Um noch einen Augenblick bei diesen Saboteuren zu bleiben. Die meisten von ihnen kamen *auf Schleichwegen* in die Schweiz und wurden erst im Landesinneren verhaftet. Und damit kommen wir zu den Flüchtlingen zurück. Die Schweizergrenze ist nicht weniger als 1884 km lang. Natürlich verläuft sie zu einem grossen Teil über unpassierbares Gelände. Aber es gibt zwischen den Grenzposten weite Strecken, wo man – sicher nicht mühelos, aber mit mehr oder weniger Mühe – durchkommen konnte. Diese illegalen Wege wurden denn auch (schon wegen der gefürchteten *deutschen* Kontrollposten) von Tausenden benützt, vom Anfang bis zum Schluss des Krieges, obwohl im Laufe der Zeit gewisse Stellen durch Zäune unpassierbar gemacht wurden.

Unsere Frau V. kam «über das Gleisdreieck» von Kreuzlingen, von den Verhältnissen an Bodensee und Rhein wird gleich die Rede sein. In der Gegend des Lac de Joux brachte der ausgezeichnete Ortskenner Frédéric Raymond (*1907), dessen Name in der Ausstellung «Anne Frank» lobend erwähnt wird, aus privater Initiative viele Flüchtlinge durch die Wälder in die Schweiz. Und an der Südgrenze herrschte vor und nach 1944 ein grosser Verkehr – nicht ungefährlich, weil zum Teil über Gletscher und anderes wegloses Gebiet führend.

Als ich 1946 beim alten «Schweizer Lexikon in 7 Bänden» Redaktor war, veranlasste ich, dass beim Stichwort «Film» eine Szene aus dem Film «Die letzte Chance» samt der zugehörigen Drehbuchseite abgebildet wurde. Der Film berichtet von einer ethnisch gemischten Gruppe von Flüchtlingen, die über die südlichen Berge und Gletscher in die Schweiz kommen will. Man sieht ihre unendlichen Mühsale und das Schwanken zwischen Hoffnung und Enttäuschung. Aber es ist auf der abgebildeten Drehbuchseite auch von den «Passeuren» die Rede; das waren die Männer, Bergführer oder Amateure, welche die Flüchtlinge heimlich auf geheimen Wegen in die Schweiz führten – meist nicht gratis, denn irgendwie mussten sie ja leben.

Von Italien kamen denn auch viele Flüchtlinge herüber; eine grosse Anzahl von ihnen völlig integer, wie der Herzog von Gallarati-Scotti, ein grosser Freund der Schweiz und Feind der Faschisten; später, nach dem Zusammenbruch des faschistischen Regimes aber auch problematische Figuren wie die Tochter Mussolinis; auch sie wurden, einmal in der Schweiz, nicht zurückgeschickt. Der etwas undurchsichtige Armeebefehl vom 7. September 1944, «Unwürdigen wird kein Asyl gewährt», bezieht sich denn auch auf flüchtende Faschistengrössen.

In der Ostschweiz bilden Gewässer die Grenze: Rhein, Bodensee, Untersee und wieder Rhein. Auch auf ihnen herrschte in mondlosen Nächten ein reger Verkehr. Gewiss, es war keineswegs problem- oder gefahrlos, bei Nacht und Nebel über den Bodensee zu fahren. Wenn man aber bedenkt, wie viele deutsche Flüchtlinge es versucht (und geschafft) haben, von der deutschen Küste über die Ostsee nach Schweden zu gelangen – der Roman «Sansibar oder der letzte Grund» von Alfred Andersch berichtet von einem solchen Unternehmen – dann wird man verstehen, dass auch der Bodensee ein verhältnismässig offener Weg war.

Wiederum sage ich das nicht, um die Leiden der Flüchtlinge zu bagatellisieren, sondern um die Grenzorgane zu entlasten. Ich bin überzeugt, dass viele Grenzer, die, oft unwillig und traurig, jemand zurückschicken mussten, sich mit dem Gedanken trösten konnten, dass es 500 Meter weiter rechts oder links schon gehen werde.

Dass die Möglichkeiten, illegal die Grenze zu überschreiten, stark benutzt wurden, bestätigt auch der wissenschaftliche Bericht: «Asyl und Aufenthalt: Die Schweiz als Zuflucht und Wirkungsstätte von Slaven im 19. und 20. Jahrhundert». Hg. von Monika Bankowski, Peter Brang, Carsten Goehrke, Werner G. Zimmermann. Basel, Helbing und Lichtenhahn 1994.

Der Ausdruck «Passeur» hat uns darauf geführt, dass es einzelne Personen aber auch ganze Organisationen gab, die – gratis oder gegen Bezahlung – den Flüchtlingen beim Übertritt behilflich waren, indem sie ihnen einen geheimen und gangbaren Weg zeigten. Dies gilt nicht nur für die Südgrenze und die Gegend des Lac de Joux, sondern ganz besonders für die Nord- und Ostschweiz. Über die Flüchtlingshilfe im Thurgau orientiert A. Schoop «Geschichte des Kantons Thurgau», Bd. I, S. 348 ff.

Über den Bodensee kamen die Flüchtlinge oft in privaten Schiffen; es gab viele schweizerische Flüchtlingshelfer; von den Gewerkschaften wurde ein Kurierdienst organisiert, der den Gefährdeten über die nasse oder trockene Grenze half. Einmal in der Schweiz, konnten die Flüchtlinge in der Regel bleiben; mindestens erhielten sie sogenannte Toleranzbewilligungen, die laufend verlängert wurden. Für Details s. Schoop, S. 386. Einer dieser Flüchtlinge war der bekannte Physiker Wolfgang Pauli.

Nochmals einige Zahlen: 1938 waren schon 10 000 jüdische Flüchtlinge in der Schweiz (Schoop, S. 349). Über die Zeit nach den Pogromen der «Kristallnacht», 10. November 1938, berichtet Schoop (S. 349): «Eine neue Welle von Flüchtenden erreichte die Grenzorte, einzelne kamen illegal; andere mit Arbeitsbewilligungen blieben aus Furcht vor Verfolgung in der Schweiz. Die Thurgauer Fremdenpolizei erteilte ihnen eine Toleranzbewilligung [...] In Kreuzlingen lebten anfangs Dezember 1938 gegen 2300 Ausländer, im Bezirk 3100, so dass auf drei Schweizer ein Ausländer kam.» Da dies vor 1939 geschah, werden alle diese Personen heute nicht als Flüchtlinge gezählt.

Wer versucht, aus diesen Zahlen eine Art Bilanz zu ziehen, kann immer noch von S. Widmers «Illustrierter Geschichte der Schweiz» (S. 447) ausgehen: «Während des Zweiten Weltkrieges fanden gegen 300 000 Flüchtlinge für kürzere oder längere Zeit Aufnahme in der Schweiz.» (Dort findet sich übrigens auch eine Liste von Persönlichkeiten, die sich besonders für die Flüchtlinge eingesetzt haben.) Die Zahl 300 000 – bei Ludwig und im *Bericht 1996* (S. 85) als 295 381 angegeben – ist dreimal so hoch wie die im Anne-Frank-Buch (S. 39) genannte. Das befremdet zuerst. Aber die Differenz erklärt sich daraus, dass der Ludwig-Bericht *alle* zählt, denen man einmal die Einreise in die Schweiz gestattete, wogegen das Anne-Frank-Buch nur von denjenigen spricht, die bei Kriegsende, am 8. Mai 1945, noch in der Schweiz waren.

Hier, im Zusammenhang mit der Frage, ob sich die Schweiz human verhalten habe oder nicht, interessiert natürlich die Zahl *aller* Eingereisten – ohne Rücksicht auf die Frage, wie viele von ihnen später freiwillig wieder ausgereist sind. Es ist also von der Zahl 300 000 auszugehen. Gut 100 000 davon sind Militärflüchtlinge.

Es ergeben sich dann (nach Ludwig und *Bericht 1996*) folgende Zahlen:

Während des Krieges aufgenommene
Schutzsuchende: 295 381,

Davon Militärpersonen: 103 869
Aufgenommene Zivilflüchtlinge also: 191 512.
Abgewiesene Zivilflüchtlinge 24 398.

Demnach sind 1939−1945 von 215 910 zivilen Bewerbern 11,3% abgewiesen worden. Soviel zu der 1996 gehörten Behauptung, die Schweiz habe «mehr abgewiesen als aufgenommen».

Dabei ist wichtig:
1) Es darf angenommen werden, dass von den Abgewiesenen ein beträchtlicher Teil nachher den illegalen Übertritt wählten, wodurch sich der Anteil derer, denen die Flucht unmöglich war, nochmals, auf unter 11%, reduziert.
2) Bei der Arbeit am *Bericht 1996* hat man intensiv nach bisher unverzeichneten *Wegweisungen* gesucht, und es wurden viele solche Fälle neu aufgefunden. Dagegen ist die Zahl der *Zulassungen* seit dem Ludwig-Bericht von 1957 nicht mehr untersucht worden. Man kann füglich erwarten, dass intensivere neue Recherchen auch dort höhere Zahlen zu Tage gefördert hätten, was die Prozentzahl der Abgewiesenen weiter senken würde. Sie senkt sich noch weiter, wenn man die 7000−10 000 *vor* Kriegsbeginn Eingereisten als Flüchtlinge rechnet.
3) Die im Anne-Frank-Buch angegebene Zahl: «bei Kriegsende noch 100 000 Flüchtlinge in der Schweiz» ist durchaus wahrscheinlich, denn von den in die Schweiz eingelassenen Flüchtlingen dürften etwa die Hälfte vor 1944 wieder aus der Schweiz ausgereist sein, vor allem in Richtung Amerika. Dies nicht etwa, weil sie in der Schweiz schlecht behandelt wurden (wie gelegentlich behauptet wird), sondern vielmehr, weil sie sich auch in der Schweiz – angesichts der manifesten deutschen Bedrohung – nicht genügend sicher fühlten. Dies gilt für «unsere» Frau V. und

ihren Sohn, es gilt für zahllose andere und prominentere Flüchtlinge. Auch viele in der Schweiz ansässige und in guten Verhältnissen lebende Juden haben bekanntlich vor oder während dem Krieg die Schweiz verlassen, meist um nach Amerika zu reisen, so etwa der schon genannte Ernst Lévy. Natürlich spielten dabei die sprichwörtlichen «unbegrenzten Möglichkeiten» Amerikas auch eine Rolle. Ganz sicher ist, dass viele Flüchtlinge noch während des Krieges wieder aus der Schweiz ausgereist sind. Die Zahl der bei Kriegsende in der Schweiz befindlichen Flüchtlinge ist deshalb wesentlich kleiner als die Gesamtzahl der in die Schweiz eingereisten Flüchtlinge.

Häufig ist heute im Zusammenhang mit den Flüchtlingen von «Lagern» die Rede, wobei es die Schreibenden in Kauf nehmen, dass der Leser dabei an die Lager der Nazis erinnert wird. Natürlich gab es Lager, darunter auch solche mit inkompetenter Führung. Aber diese «Lager» (vielfach leerstehende Hotels) waren eine notwendige Lösung für diejenigen, für die auch die ausgedehnteste private Hilfsbereitschaft nicht mehr reichte. Über die finanziellen Aufwendungen der Schweiz für die Flüchtlinge siehe das Kapitel «Caritas», über Lager und Flüchtlingsheime: André Lasserre «Frontières et camps. Le refuge en Suisse de 1933 à 1945». Lausanne, Payot 1995; Charlotte Weber: «Gegen den Strom der Finsternis. Als Betreuerin in Schweizer Flüchtlingsheimen». Zürich, Chronos 1994.

Es ist charakteristisch für manche Geschichtsschreiber, dass sie sich primär auf Statistiken verlassen. Nun ist aber *private* Hilfe und Liebestätigkeit von den Statistiken so gut wie nicht erfasst worden, und sie kommt deshalb bei diesen Historikern praktisch nicht zur Sprache. Lager dagegen und die Zahl ihrer Insassen hinterlassen offizielle Zahlen und geniessen darum die Gunst der Statistiker. Siehe aber, über private Hilfe, Schoop: «Geschichte des Kantons Thurgau», S. 348f.

Dies führt uns auf ein grundsätzliches Problem. Es hat sich nämlich gezeigt, hier und in anderen Bereichen, dass unsere Geschichtsschreibung, was die Kriegszeit betrifft, oft weniger eine Geschichte der Bevölkerung ist, als vielmehr eine Geschichte der Behörden, Ämter und Dokumente. Dies ist bis zu einem gewissen Grade unvermeidlich. Aus den Dokumenten der Ämter erhält man unbestreitbare Fakten und Zahlen. Einen genauen, hieb- und stichfesten Eindruck vom Umfang der Hilfstätigkeit von Privaten zu bekommen, ist dagegen fast unmöglich. Die von mir im Detail erzählte Geschichte der Frau V., *ein* Fall von Zehntausenden, ist nirgends registriert worden; sie lebt allein in meiner persönlichen Erinnerung weiter. Sie und unzählige andere Fälle kamen in keine Statistik und sind bei der Beurteilung der Schweiz unberücksichtigt geblieben.

Hätten die heutigen «Richter» gesagt: «Einige Beamte haben Unrecht getan, nicht gegen das damals gültige Gesetz, aber gegen die Humanität», so entspräche das der Wahrheit. Ein (bis heute umstrittener) Verstoss war zum Beispiel die Abmachung mit Deutschland über den Judenstempel, der, in die Pässe der deutschen Juden eingetragen, den schweizerischen Grenzern die «Auswahl» erleichtern sollte. Er soll während längerer Zeit zu einer Vermehrung der Rückweisungen geführt haben. Siehe hierüber den Artikel «Judenstempel» im «Schweizer Lexikon» (1992), in dem allerdings der Passus «In voller Kenntnis der Deportationen» zu berichtigen ist; s. den Abschnitt «Wovon ist die Rede?» im Kapitel 11, «Wieviel wussten die Schweizer?».

Die heutigen «Richter» weisen aber nicht nur auf die Verstösse einzelner Menschen hin; sie sagen: «Die Schweiz hat Unrecht getan», oder was ebenso schlimm ist: «WIR haben Unrecht getan». Das heisst, sie sammeln das Unrecht einzelner und übertragen es auf alle, seien es nun «die Schweizer jener Generation» oder «die Schweizer überhaupt, inklusive die damals noch nicht geborenen». Eine solche «Sippenhaftung» verstösst gegen jedes neuzeitliche Recht.

Im Zusammenhang mit der Flüchtlingsfrage ist oft die Rede von einem (latenten oder manifesten) *Antisemitismus*. Es gibt Unterstellungen verschiedener Grade. Manche sagen, «die Schweiz», oder «wir» seien antisemitisch gewesen; manche beschränken sich auf «gewisse Kreise» oder «Bundesrat X und Bundesrat Y». Dabei wird «antisemitisch» mehr oder weniger mit «nationalsozialistisch» identifiziert.

Hierauf ist folgendes zu sagen: Grundsätzlich hat der Begriff des Antisemitismus den Nachteil, dass er einen zu weiten Bereich überspannt. Er wird heute verwendet: einerseits für triviale Verstösse, z. B. gedankenlose Äusserungen wie: «Die Juden sind doch immer die gleichen», andererseits aber auch für ungeheure Verbrechen, wie die Massentötung Unschuldiger. Dabei besteht bei vielen, die das Wort gebrauchen, implizit die Idee der «schiefen Ebene» (auch im Englischen als: «slippery slope» bekannt), also die Idee, dass jemand, der sich abschätzig über Juden äussere, kraft einer inneren Logik von selbst weiter rutsche und schliesslich zwangsläufig beim Verbrechen anlange.

Einen Schweizer Antisemitismus hat es sicher gegeben. Aber erstens hatte er eine – relativ – harmlose Form, und zweitens war er nicht ein Kind des deutschen Nationalsozialismus. Wenn ich meine Erinnerung befrage, so sagt sie, dass feindselige Äusserungen über Juden vor allem von denjenigen Menschen gemacht wurden, welche glaubten, sich von ihnen fürchten zu müssen, etwa Kaufleute, die die Konkurrenten scheuten, oder Bauern, die sich von den Viehhändlern übervorteilt glaubten. Diesen «ständischen», aber nicht rassistischen Antisemitismus hat es in der Schweiz schon früh gegeben, man denke an Gotthelf und Pestalozzi. Über die Zeit vor 1933 orientiert im Detail: A. Kamis-Müller: «Antisemitismus in der Schweiz 1900–1930», Zürich, Chronos, 1990. Er fasst (S. 298) wie folgt zusammen: *«Das Ausmass der Juden feindschaft in der Schweiz war im Vergleich zu derjenigen in anderen Ländern geringer»*. Er fügt dann gleich hinzu: «was die moralische Verwerflichkeit dieses Antisemitismus nicht... vermindert», und dies ist sicher berechtigt. Aber das «im Vergleich zu anderen Ländern geringer» muss unbedingt festgehalten werden, und zwar auch für die Zeit von 1933 bis 1945.

Zurück zur Haltung der Schweizer gegenüber den Flüchtlingen. Viel Böses, aber noch viel mehr Gutes, ist den Juden von Schweizern im Zweiten Weltkrieg getan worden. Wenn man nach dem Bösen fragt, stellt sich die Zahl der 24 000 Rückweisungen ein. Fragt man nach dem Guten, so erhält man eine zehnmal so hohe Zahl; s. das Kapitel «Caritas». Will man alles, was mit dieser Frage zusammenhängt, *gerecht* beurteilen, so muss man sich mindestens an einige einfache Regeln halten:

Man muss sich die damalige Situation konkret vorstellen. In der Schweiz herrschte ein bedrohlicher *Mangel* an fast allen lebenswichtigen Gütern, so etwa an Heizmaterial (Schulzimmer mit 10 Grad waren keine Seltenheit), vor allem aber an Lebensmitteln. Brot, Milch, Eier, Käse, Fleisch, Kaffee, Tee, Schokolade, Zucker, Reis etc. waren streng rationiert: Man geht nicht weit fehl, wenn man sagt, dass die Schweizerinnen und Schweizer, Halbwüchsige inbegriffen, gegen den Schluss des Krieges etwa die Hälfte von dem zu essen bekamen, was sie heute bekommen – sehr gesund für drei Wochen, schädlich auf die Dauer. Die Feststellung (etwa im *Bericht 1996*, S. 255) «man habe den Flüchtlingen nicht genug zu essen gegeben», ist absolut richtig; nur muss sie dahin ergänzt werden, dass «man» auch allen Schweizern nicht genug zu essen gab. Für Details siehe Alfred Fleisch: «Ernährungsprobleme in Mangelzeiten: Die schweizerische Kriegsernährung 1939–1946». Nicht zu vergessen: der Mangel schritt progressiv voran: Ungefähr jeden Monat wurde eine neue Einschränkung – das heisst etwas mehr Hunger – verordnet. Denn der Bundesrat musste vorsehen und mit *allen* Fällen rechnen.

Über Lebensmittel verfügten zwar die Produzenten: Bauern, Bäcker, Metzger. Sie wurden aber streng kontrolliert. Wehe dem Bäcker, der nicht das vorgeschriebene mit Kartoffelmehl versetzte Brot verkaufte. Wehe dem Bauern, der statt 44 nur 40 Eier ablieferte. Wer übrigens meint, die Bauern hätten es besonders gut gehabt, dem seien einige Stichworte geliefert: Vater und Knecht im Dienst, Grasen und Güllen durch die Frau und die Kinder – neben einem sonstigen Tagewerk. Und nachher nicht Feierabend, sondern stundenlanger Papierkrieg über Rationierung, Bestände, Verkäufe, Gesuche um Traktorbenzin. Ähnlich ging es Abertausenden von Schweizern, und auf hundert von ihnen kam noch nicht einer, der sich im Krieg geruhsam bereichern konnte.

Man muss ferner die «Hindsight» ausschalten. «Hindsight», das ist das Beurteilen aus dem heutigen Wissen, statt aus dem damaligen. *Jetzt* wissen wir, dass die Schweizer bis zum Schluss des Krieges (fast) genug zu essen hatten. *Jetzt* wissen wir, dass die Rückweisung eines Juden dessen Tod bedeuten konnte. *Jetzt* wissen wir, wie die Praxis an den Grenzposten war. Eine gerechte Beurteilung muss aber natürlich von dem ausgehen, was der durchschnittliche Schweizer *damals* wusste oder nicht wusste. Mehr hierüber im Kapitel 11: «Wieviel wussten die Schweizer?»

Weiter: Gewisse juristische Prinzipien – z. B. «in dubio pro reo» – gelten auch für aussergerichtliche Beurteilungen z. B. durch Historiker oder Medien. Dies ist nirgends so treffend ausgedrückt, wie in dem berühmten «Denning-Report». Er bezieht sich auf einen Fall, der – verbunden mit dem Namen John Profumo und Christine Keeler – vor gut dreissig Jahren in der ganzen Welt Sensation machte: Der englische Verteidigungsminister hatte eine Zeitlang – ohne es zu wissen – mit einem russischen Agenten die Geliebte geteilt. Damit im Zusammenhang war die Frage aufgeworfen worden, ob er ihr vielleicht Staatsgeheimnisse zugeflüstert habe, die von ihr wiederum dem Russen zugeflüstert worden seien. Es gab einen grossen «Fall»; manche der Beteiligten sagten nicht die Wahrheit, und als die Lügen aufflogen, gab es in England eine Grundwelle der Erregung und Unsicherheit; die Regierung kam ins Schwanken. Da wurde am 21. Juni 1963 einer der obersten Richter, Lord Denning, vom Premierminister beauftragt, einen Bericht über alle Facetten dieses Falles zu erstellen. Denning erhielt zu diesem Zwecke Vollmachten, z. B. die Kompetenz, Einvernahmen durchzuführen. Aber der Bericht sollte eine *private* Meinungsäusserung sein, nicht ein Akt der Justiz. Dies hatte unter anderem zur Folge, dass es keine Appellationsmöglichkeit dagegen gab.

Schon im September 1963 wurde der Bericht vorgelegt – «Lord Denning's Report», Her Majesty's Stationery Office, 1963 – und er erwies sich (durch seinen Scharfsinn, seine Gerechtigkeit und seine vorbildliche Prosa) als so mächtig, dass sich die allgemeine Aufregung legte und England sich selbst wieder als ein integres Land und das Problem als bewältigt ansehen konnte. In der Tat sind die Prinzipien, die Denning sich selber gab, so vorbildlich, dass sie für jede – gerichtliche oder aussergerichtliche – Präsentation von komplexen Vorgängen gelten sollten. Er schreibt einleitend:

«Wenn die Tatsachen einwandfrei geklärt sind, will ich sie so objektiv wie möglich darlegen, ungeachtet der Folgen für einzelne Personen; auch will ich jeden Schluss ziehen, der sich notwendigerweise aus diesen Tatsachen ergibt. Wenn aber die Tatsachen in der Schwebe sind, muss ich stets den wichtigsten Grundsatz jeder Rechtspflege bedenken – dass nämlich kein Mensch auf Grund eines blossen Verdachts verurteilt werden darf. Es muss Beweismaterial vorliegen, das seine Schuld klar erweist, bevor man ihn dieser Schuld

zeihen darf. Darum will ich die Tatsachen lieber zu seinen Gunsten deuten, als eine nicht wieder gut zu machende Ungerechtigkeit begehen. Denn gegen mein Urteil kann nicht appelliert werden.
All jenen, die mich deswegen der «Weisswäscherei» bezichtigen möchten, würde ich folgendes zur Antwort geben: Während das öffentliche Interesse verlangt, dass die Tatsachen so umfassend wie möglich ermittelt werden, ist andererseits ein noch höheres öffentliches Interesse zu bedenken, nämlich das Eintreten der Rechtspflege für den einzelnen Menschen, dem alle andern Interessen zu weichen haben. In meiner Eigenschaft als Richter ist mir auf alle Fälle Gerechtigkeit das erste Gebot.»

Von diesen Gedanken müssen wir uns leiten lassen, wenn wir die Haltung der Schweizer während der nationalsozialistischen Zeit gerecht beurteilen wollen.

10) Die Internierten

Was man uns heute sagt:

Im «Schweizer Lexikon in 6 Bänden», 1992, heisst es: «[die Internierten] wurden unabhängig von ihrer beruflichen Qualifikation schemat. u. a. für Strassenbau [...] eingesetzt. [...] Mangelnde Erfahrung, bürokrat. Formalismus, fehlendes psycholog. Einfühlungsvermögen und Versagen einzelner Funktionäre führten zu Härten.» Zudem wird gesagt, dass die Internierten «in Lagern» untergebracht waren, was Nazi-Assoziationen weckt.

Also «kein Ruhmesblatt.»

Es mag interessieren, dass im alten «Schweizer Lexikon in 7 Bänden» (1947) keine einzige der oben genannten «Sünden» erwähnt ist, obwohl man schon damals gut, wenn nicht besser über das Internierungswesen orientiert war. Ich kannte die damalige Redaktion: ein junges mutiges Team, das vor niemandem Angst hatte.

Bevor ich zu meinen eigenen Erinnerungen komme, erwähne ich kurz die Vorgeschichte, wie man sie aus den Lexika entnehmen kann:

Im Juni 1940 traten etwa 30 000 französische und etwa 12 500 polnische Soldaten (welche zusammen mit den Franzosen gegen die Deutschen gekämpft hatten) in die Schweiz über; dazu kamen später andere, u. a. Besatzungen von Flugzeugen, die über der Schweiz abgeschossen worden waren. Noch im Oktober 1945 sollen etwa 42 000 Internierte in der Schweiz gewesen sein.

Meine Erinnerungen:

Eines der Polen-Lager – man muss sich unter «Lager» nichts Nationalsozialistisches, sondern einen recht freiheitlichen Betrieb vorstellen – befand sich in Amlikon bei Weinfelden. Wie fröhlich und dankbar seine Bewohner waren, zeigte sich in einer Vorstellung, einer Art Kabarett, das Amlikoner Polen im Winter 1940/41 im Saal des Hotels Bahnhof in Frauenfeld veranstalteten. Zuerst kam ein ernsthaftes polnisches Gedicht über die Schrecken des Krieges, dann ein humorvoll-resignierter Sketch über die Beschränkungen, die den Internierten auferlegt waren: Ein Internierter wäre gern seinen eigenen Gelüsten gefolgt, aber da rief eine Stimme aus dem Hintergrund leider immer wieder: «Internovani stoj!», «Internierte, halt!».

Genau erinnere ich mich an ein Lied zum Lob und Preis des Dorfes Amlikon mit dem lustigen deutschen Refrain:

«O, Amlikon,
du bist so schön und so lieb.»

zur Melodie des etwas eintönigen aber damals international berühmten Schlagers «Skoda laski», deutsch, wenn ich mich recht erinnere: «Rosamunde, schenk mir dein Herz und dein Ja». Dabei musste «Amlikon» auf der zweiten Silbe betont werden, und das Lied, überhaupt die ganze Veranstaltung, dankbar und treuherzig vorgetragen, wurde ein grosser Erfolg: gewaltiger Applaus, viele Vorhänge, und die Kollekte wurde über Erwarten gut benützt.

Meine nächste Erinnerung ist ein «Gruppenbild» in der Gegend von Münchwilen: Auf einer Wanderung sah ich, es muss im Sommer 1941 gewesen sein, an einer kleinen Bahnstation eine Gruppe von drei Menschen zusammenstehen: Da war ein bäuerlicher Vater, hager und recht unzufrieden dreinblikkend, daneben ein ausgesprochen schöner Pole (ich erinnere mich mit leisem Neid an seine kurze Uniformjacke, die ihn noch schmalhüftiger und breitschultriger machte, als er schon war), schliesslich die hochschwangere Tochter. Offenbar war der Pole jetzt daran, wieder in sein «Lager», es mochte Matzingen sein, zurückzukehren.

Die polnischen Internierten zeugten in der Schweiz viele Kinder – wieviel es waren, kann heute nicht mehr ermittelt werden, aber dass es viele waren, wussten damals alle. Dies war nicht nur in der Ostschweiz so. Von einem guten und zuverlässigen Freund, der damals im Fricktal war, höre ich, dass in der Umgebung des Lagers Oeschgen der etwas schnöde Spruch umging, man solle den jungen Mädchen das Buch eines damals berühmten Forschungsreisenden, «Von Pol zu Pol», als Leitfaden mitgeben.

Ich sage das nicht, um jemand zu kritisieren oder gar lächerlich zu machen. Gewiss hat es damals viele kleine oder grössere Tragödien gegeben. Es soll mir lediglich als Beweis dafür dienen, dass man den internierten Polen weiterum mit Liebe begegnet ist. Gegen die Behauptung, man habe sie eingeschlossen und ausgegrenzt, zeugen die damals gezeugten zahlreichen Kinder.

Näher gekannt habe ich «unsere» *französischen Internierten,* M. Castagnac und M. Leleu, beides Unteroffiziere. Der erste ein Kaufmann, der zweite ein Feldprediger-Unteroffizier. Beide waren 1940 in Islikon, eine Stunde von Frauenfeld, stationiert; nominell in einem «Lager», in Wirklichkeit wohnten sie privat bei einer Frau Schuppli. Wie der Kontakt mit ihnen zustande gekommen ist, weiss ich nicht mehr, wahrscheinlich im Rahmen einer der vielen offiziellen oder privaten Vermittlungs- und Betreuungs-Aktionen. Einmal in der Woche holte ich beide oder auch nur Castagnac, mit dem ich nicht ohne Gewinn französische Konversation trieb, an der Stadtgrenze ab; dann kamen sie zu meinen Eltern zum Tee. Ich erinnere mich noch an mein Staunen, als sie, gefragt, ob sie wüssten wie dieses Gebäck da heisse, antworteten: «Mais oui, c'est un gougelof». Bei uns assen sie alles, was ihnen vorgesetzt wurde; aber es zirkulierten auch Berichte, dass die französischen Internierten «schnäderfrässig» seien: Von der Tüne (Wähe) hätten sie nur die Äpfel abgekratzt; den währschaften Brotteig hätten sie liegen lassen.

Von einer Schikanierung der Internierten habe ich nie etwas bemerkt oder gehört. Offenbar gab es aber Missstände, z. B. den sogenannten Internierungsskandal: einige Schlaumeier (es sollen über hundert gewesen sein) haben sich am Internierungsgeld betrügerisch bereichert; sie sind entdeckt und kurz nach Kriegsende abgeurteilt worden. Auch haben sich die Umstände im Laufe der Zeit geändert. Die Franzosen konnten bald nach dem Waffenstillstand im Juni 1940 nach Hause entlassen werden. Für die Polen wurden die Zeiten härter. Die erste liebende Begeisterung klang etwas ab. Und es wurde (vom Ausland her?) darauf gedrungen, dass sich die bisher sehr grosszügige Schweiz genauer an die Haager Landkriegsordnung von 1907 halte, nach welcher die Internierten ähnlich wie Kriegsgefangene behandelt werden müssen. Darauf führte auch die Schweiz, die sich – im Gegensatz zu manchen andern Ländern – pedantisch an internationale Vereinbarungen zu halten pflegt, ein strengeres Regime ein.

Das böse Datum war der 1. November 1941; damals wurde ein Befehl erlassen, der die Freiheiten der Internierten und ihre Beziehungen zu Zivilisten und Zivilistinnen stark einschränkte.

Man sah nun weniger Polen frei und einzeln herumgehen. Statt dessen wurden sie vermehrt bei öffentlichen Werken beigezogen: beim Bau der Sustenstrasse haben sie massgebend mitgewirkt, ebenso, woran ich mich besonders gut erinnere, bei archäologischen Grabungen im Breitenloo bei Pfyn. Wenn viele dabei schaufeln und pickeln mussten – «unabhängig von ihrer beruflichen Qualifikation», wie es im Lexikon heisst – taten sie nichts anderes als der schweizerische Soldat. Viele arbeiteten in der Landwirtschaft; eine Zeitlang hatte jeder Bauer «seinen Polen».

Über ihre Entlöhnung ist allerhand berichtet worden, was zugleich wahr *und* falsch ist. Wahr ist, dass es sich um geringe Summen handelte. Otto F. Walter schreibt in seinem Roman «Zeit des Fasans» (S. 329) von einem Internierten, der für seine Arbeit in einer Konservenfabrik einen Stundenlohn von 1 Franken erhielt. Voraussehbare Reaktion der heutigen Leser: Einen Hungerlohn zahlte man ihnen! Aber wieviel Geld war das wirklich? Man ermisst es besser, wenn man weiss, dass der Tagessold eines Soldaten zu jener Zeit genau 2 Franken betrug; ein Gefreiter bekam 2.10, ein Korporal 2.30. Der Stundenlohn jenes Polen betrug also genau die Hälfte des Taglohns eines Schweizer Soldaten – beide hatten Kost und Logis gratis. Wer noch einen weiteren Beweis wünscht, dem stelle ich einen authentischen Text aus jener Zeit zur Verfügung:

Hu-diru dirullala,
Im Tag häm mir zwee Schtei,
Aber Urlaub gits, aber Urlaub gits,
Aber Urlaub gits ä kei.

So lautete ein damaliger Ohrwurm. Ich hätte nie gedacht, dass er mir eines Tages als historischer Beweis dienen würde.

Noch mehr: Die Behauptung, man habe auf die Qualifikationen der Internierten keine Rücksicht genommen, stimmt in dieser Form überhaupt nicht. Schon 1940 wurden an der Universität Zürich sprachkundige Studenten durch Anschlag aufgefordert, sich derjenigen Polen anzunehmen, die nur französisch konnten, ihnen bei einzelnen Problemen beizustehen und ihnen überhaupt etwas Zuwendung zu bieten. Noch etwas später gab es dann die *Internierten-Universitäten,* mindestens drei an der Zahl, die mit grossen Opfern und erstaunlicher Improvisationsgabe aus dem Boden gestampft worden sind. An ihnen konnten die entsprechend qualifizierten Polen studieren. Es waren 880 Mann; es gab 200 Diplomabschlüsse, 36 Doktorpromotionen, 2 Habilitationen. Rektor einer dieser Polen-Universitäten war mein Kollege und Freund, Prof. Max Wildi (Anglist, an der Hochschule St. Gallen, dann an der ETH). An seinem Begräbnis im Dezember 1982 sprach neben einem Vertreter der Universität und ETH auch ein Pole, der im Krieg einer dieser Internierten gewesen war: voller Dankbarkeit und ohne einen Hauch von Vorwürfen oder Andeutungen von problematischen Verhältnissen.

Wissenschaftlicher Bericht:

«Asyl und Aufenthalt: Die Schweiz als Zuflucht und Wirkungsstätte von Slaven im 19. und 20. Jahrhundert». Hg. von Monika Bankowski, Peter Brang, Carsten Goehrke, Werner G. Zimmermann. Helbing & Lichtenhahn, Basel 1994. Dort, S. 413–424, findet sich eine Bibliographie mit 58 z. T. kommentierten Schriften zu den Internierungen 1940–45. Die Internierten-Universitäten sind bei Nr. 535 erwähnt; von dort habe ich die Zahlen der akademischen Abschlüsse bezogen. Über die Internierten-Hochschulen s. auch A. Schoop: «Geschichte des Kantons Thurgau», S. 374.

Fazit:

Die Vorwürfe an die Adresse der Schweiz im Zusammenhang mit den Internierungen sind zum grossen Teil unberechtigt. Das, was man davon gelten lassen muss, richtet sich an einzelne Personen, nicht an die Bevölkerung. Das gesamte Bild ist zu korrigieren.

11) Wie viel wussten die Schweizer?

Was heute gesagt wird:

Die Schweizer wussten damals von den Judenverfolgungen und von den Lagern in Deutschland. Wenn sie jüdische Flüchtlinge an der Grenze zurückgewiesen haben, geschah das im vollen Wissen, dass diese damit in den Tod geschickt würden.

In der Ausstellung «Anne Frank und wir», Stadthaus Zürich, Dezember 1995, fand sich an prominenter Stelle das gross geschriebene Stichwort

NICHT WISSEN WOLLEN.

«Kein Ruhmesblatt für die Schweiz»

Wovon ist die Rede?

Heute spricht man oft generell und etwas unklar von «den Judenverfolgungen» oder von «den Lagern». Dadurch entstehen viele Unklarheiten und Unwahrheiten. Für eine genaue historische Tatbestandsaufnahme ist es wichtig, genau zu wissen, wovon man spricht. Dies betrifft unter anderem die Begriffe «Lager» und «Deportationen».

Von Gewalttaten an Juden oder politischen Gegnern hörte man schon früh. Schon kurz nach 1933 wusste man, dass zum Boykott gegen die Juden aufgerufen wurde, und dass sie ganz allgemein als «Untermenschen» behandelt wurden. Die wachsenden Flüchtlingszahlen waren ein deutliches Zeugnis, auch für diejenigen, welche die Meldungen in den Medien für übertrieben hielten. Im November 1938 kam dann die «Reichskristallnacht», die angeblich durch Volkszorn hervorgerufene, in Wahrheit von den Nazis organisierte systematische Zerstörung jüdischer Synagogen und Geschäftshäuser. Auch dies nahm man mit Empörung zur Kenntnis.

Aber weder damals noch bis zum Ende des Krieges wusste man von der systematischen, maschinellen und massenhaften Vernichtung von Juden.

Auch das Wort «Deportation» kann verschieden verstanden werden. Wenn es im neuen «Schweizer Lexikon» unter «Judenstempel» heisst, der Bundesrat habe «in voller Kenntnis der Deportationen» den Juden die Grenze gesperrt, ist dies eine gefährliche Zweideutigkeit. Es entspricht insofern den Tatsachen, als man schon früh wusste, dass viele Juden zwangsweise nach dem (vergleichsweise menschenarmen) Osten deportiert wurden. Der damalige Schweizer verstand das als «umgesiedelt»; der moderne Leser liest es aber als «in die Todeslager deportiert», und dies ist genau das, was man damals nicht wusste – obwohl viele Heutigen das nicht glauben wollen.

Ähnlich steht es mit «den Lagern». Von den Konzentrationslagern (KZ) wurde schon früh gesprochen. Voll darüber orientiert waren die Schweizer spätestens 1935 durch Wolfgang Langhoffs Buch «Die Moorsoldaten». Dieser persönliche Bericht eines Inhaftierten, dem es nachher gelang, in die Schweiz zu fliehen, wurde damals geradezu verschlungen; ich habe ihn ebenfalls in einem Zug gelesen. An seiner Zuverlässigkeit war nicht zu zweifeln – mit der in unserem Zusammenhang unwichtigen Einschränkung, dass der Autor seinen Bericht mit der Verhaftung beginnen lässt und seine (kommunistische) Vorgeschichte überspringt. Über Langhoff s. Peter Stadler «Memoiren der Neuzeit», Zürich, NZZ 1995, S. 22. Mit Grausen las man von der unmenschlichen Behandlung der dortigen Gefangenen, von erbarmungslosen Prügeleien für kleine Verstösse, von der praktisch nichtexistierenden ärztlichen Fürsorge. Aber diese Konzentrationslager waren, obwohl viele Insassen den Peinigungen erlagen, keine Vernichtungslager. Wenn man also sagt, die Schweizer hätten «von den Lagern gewusst», ist das dann wahr, wenn man die Konzentrationslager meint; es ist falsch, wenn man die Vernichtungslager meint.

Eine Konfusion herrscht auch darüber, wer «die Schweiz» sei, der man die Vorwürfe macht. Bald sind es «alle damaligen Schweizer», bald ist es «der Bundesrat», bald sind es «eingeweihte Kreise», und schliesslich sind es «wir».

Persönlich, als simpler Schweizer jener Generation, verwahre ich mich gegen jeden Vorwurf, ich hätte an den Flüchtlingen gesündigt. Der gewöhnliche Schweizer wusste nichts über die Ausrottungspolitik. Und er konnte auch keine Ahnung davon haben, was an den einzelnen Grenzposten geschah. Dies ist bekanntlich heute nicht anders: Die heutigen Schweizer bekommen vielleicht zum Jahresende eine Statistik zu sehen, in der steht, wieviele Personen an der Grenze eingelassen und wieviele zurückgewiesen worden sind. Von den damaligen Durchschnittsschweizern zu verlangen, sie hätten sich solange erkundigen sollen, bis ihnen die Ämter die entsprechenden Zahlen ausgehändigt hätten, ist völlig unrealistisch. Diese Zahlen bekäme auch heute keiner, der etwa fragen wollte: «Wie viele haben Sie letzte Woche eingelassen, wie viele zurückgewiesen?»

Ganz abgesehen davon, dass jedermann jederzeit alle Hände voll zu tun hatte: Wir sahen keinen Anlass und kamen gar nicht auf die Idee, zur Praxis der Grenzbeamten irgendwelche Fragen zu stellen. Wer einreisen wollte, musste einen Pass haben, später auch ein Visum, das stand fest, damals wie zu irgend einer anderen Zeit.

Meine persönlichen Erinnerungen:

Von den Todeslagern und der systematischen Vernichtung von Juden erfuhr ich, wie wohl die meisten Schweizer (und nebenbei auch die meisten Deutschen) Ende April 1945. Ich war damals in Winterthur im Dienst, und erinnere mich genau, dass ich an einem Abend in einem Restaurant am Bahnhofplatz sass und die Zeitung las. Dort tat sich mit einem Mal der Blick auf die Schrecknisse auf: Leichenberge, Öfen, Gestank, die zu Gerippen abgemagerten Überlebenden – alles aus Berichten alliierter Truppen, die soeben dort einmarschiert waren.

Dass es in der Schweiz ein Flüchtlingsproblem gegeben habe, wurde mir, wie vielen anderen Schweizern, erst in den späteren Sechzigerjahren voll bewusst; vor allem durch die Diskussion um Alfred Häslers Buch «Das Boot ist voll» (1967), aber auch – mit Empörung gegen die unsachliche Darstellung – aus einer Zeichnung: Sie stellte dar, wie ein Schweizer «Grenzsoldat» eine Flüchtlingsmutter mit Kind zurückweist, und war für mich auf den ersten Blick als Phantasieprodukt ohne Authentizität zu erkennen; siehe den Anfang des Kapitels «Flüchtlinge».

Bestätigung meiner Erinnerungen:

Dass das Frühjahr 1945 der Zeitpunkt ist, in dem die Schweizer erstmals von den systematischen Judenvernichtungen erfuhren, bestätigen u. a. Briefe, die in der Zeitung «Recht und Freiheit» vom 2. Oktober 1995 abgedruckt sind. Es handelt sich um Antworten, die im Jahr 1988 auf eine entsprechende Anfrage von zuverlässigen Persönlichkeiten gegeben worden sind.

Prof. E. Bonjour schreibt in seinem Brief vom 20. September 1988:

Antwort auf Ihre Frage: Noch vor Ende des Krieges, etwa im Februar 1945, fand ich in meinem Briefkasten den schlechten Durchschlag eines schwer lesbaren und nicht frankierten maschinengeschriebenen Briefes mit der Mitteilung, es existierten in Deutschland Gaskammern zur Vernichtung der missliebigen Personen. Ich besprach das mit meinen Kollegen. Wir hielten diese Meldung übereinstimmend für die Lüge eines irren Fanatikers. Erst nach Schluss des Krieges erfuhr ich die schreckliche Wahrheit.

In einer Unterredung am 5. Juli 1988 im Schloss Brunegg sagte *Prof. J.-R. von Salis* folgendes:
Die Öffentlichkeit hat vom HOLOCAUST, der Massentötung von Juden in Gaskammern, bis zum April 1945 nichts erfahren. Erst im April 1945, mit der Besetzung der Konzentrationslager durch die vormarschierenden Alliierten, wurden die furchtbaren Verbrechen der Öffentlichkeit bekannt.

Dem gegenüber steht der an gleicher Stelle abgedruckte Brief eines hohen Beamten des Eidgenössischen Militärdepartements, welcher aussagt, «dass die Judenverfolgung im Dritten Reich kein Geheimnis war». Hier findet sich die bekannte Vertauschung von «Verfolgung» einerseits und «Massenvernichtung» andererseits. Wahrscheinlich hat hier ein Missverständnis stattgefunden. Ich neige dazu, dies zu glauben; denn zufällig kenne ich diesen Beamten und weiss von ihm, dass er wissenschaftliche Genauigkeit mit höchster persönlicher Integrität verbindet, also auf eine eindeutige Frage auch präzis geantwortet hätte.

Dass in der Schweiz während der Kriegszeit zahlreiche Meldungen über Judenvernichtung eintrafen, ist ganz sicher. Siehe Gaston Haas: «Wenn man gewusst hätte, was sich drüben im Reich abspielt», Basel, Helbing und Lichtenhahn 1994. Dieses Buch berichtet über Informationen im Sommer und Oktober 1942 (ein Grossindustrieller und desertierte Soldaten werden als Informationsquellen genannt), lässt aber z. T. offen, wie mit diesem (nach wie vor unsicheren) Wissen umgegangen wurde. Es unterscheidet richtigerweise zwischen informierten und nichtinformierten Kreisen. Aber man kommt nicht um den Eindruck herum, dass zu einem genauen und unumstösslichen Beweis damals fast alles gefehlt hat.

Dass die Behörden geneigt waren, Berichten über Ungeheuerlichkeiten zu misstrauen, sollte einen menschlich denkenden Menschen eigentlich froh stimmen. Wer nicht ohne weiteres willens ist, jemandem, auch einem Feind, die grässlichsten Dinge zuzutrauen, ist ein besserer Mensch als jemand, der alles Schlimme gierig schluckt. Aber heute denken die «selbsternannten Richter» anders: sie gebrauchen für jene Wohlmeinenden das Wort «blauäugig» (entstanden etwa 20 Jahre nach Kriegsende) und betrachten Misstrauen als die richtige Haltung. Auch urteilen sie aus der «Hindsight», dem heutigen Wissensstand, worüber ich mich mehrfach kritisch geäussert habe.

Von vielen wird heute – wie mit Recht von Haas – zugegeben, dass der «gewöhnliche Schweizer» nichts von den Judenvernichtungen gewusst habe. Dann wird aber meist beigefügt, dass «gewisse Kreise» oder «der Bundesrat» vollständig orientiert gewesen seien. Ein angebliches Beweisstück dafür, dass dem Bundesrat schon früh eindeutige Informationen zugegangen seien, ist der nachgerade berühmt gewordene *Brief der Schülerinnen von Rorschach,* den ich als typisches Zeitdokument etwas näher betrachten möchte. Die Mehrheit einer Klasse von 14jährigen Schülerinnen aus Rorschach schrieb am 7. September 1942 an den schweizerischen Bundesrat und ersuchte ihn um Milde gegenüber den Flüchtlingen angesichts der Todesgefahr, die ihnen drohe. Die Geschichte dieses Briefes ist in der Ausstellung «Anne Frank und wir» breit dargestellt worden, ebenso (S. 137–145) in dem dazugehörigen Begleitband (Chronos-Verlag Zürich 1995).

Man beginnt die Lektüre dieses Briefes mit Erschütterung und Respekt; Erschütterung über das Leiden der Flüchtlinge, Respekt für das Engagement der 14jährigen Schülerinnen. Beides aber darf uns nicht hindern, durch Fragen der Wahrheit näherzukommen. Beim wiederholten Lesen des Textes nämlich fallen gewisse Dinge plötzlich auf. Es heisst da zum Beispiel: «Wir hätten uns nie träumen lassen, dass die Schweiz, die Friedensinsel, die barmherzig sein will, diese zitternden, frierenden Jammergestalten wie Tiere über die Grenze wirft.» Das sind ergreifende Worte. Aber etwas daran fehlt: der Beweis nämlich, dass die Verfasserinnen überhaupt je einen Flüchtling gesehen haben. Hätten sie ein entsprechendes Erlebnis gehabt, so würde es anders heissen: Ein Ort würde angegeben, und dann hiesse es etwa «da sahen wir drei alte Männer an der Grenze ankommen. Sie trugen Rucksäcke, zwei hatten nicht einmal einen Hut...», oder wie halt damals ein wirkliches Erlebnis erzählt worden wäre. Wenn sich die Schülerinnen hätten kurz fassen müssen, so hätten sie einen abstrakten Bericht gegeben, etwa: «Leider müssen wir hören, dass an der Grenze viele Flüchtlinge zurückgewiesen werden». Statt dessen erscheinen die «zitternden, frierenden Jammergestalten» – notabene im August – und sie werden «wie Tiere geworfen». Das ist nichts Erlebtes, sondern ein «Pattern», eine literarische Formel, wie man sie liest oder in der Schule vorgelegt bekommt, welche aber durch die Details («zitternd», «Jammergestalten») ein wirklich gehabtes Erlebnis vortäuscht.

Wenn man den ganzen Brief mit der Maschine abschriebe und ein paar Leute fragte: «Wer hat das geschrieben, jemand von 14 Jahren oder ein Erwachsener?», dann würden wohl die meisten sagen «ein Erwachsener».

Auch dazu gibt es ein Dokument. Die Schülerinnen haben nämlich u. a. angetönt, der Bundesrat habe vielleicht «den Befehl erhalten» (gemeint war: von den Deutschen), keine Juden mehr aufzunehmen. Damit hatten sie den Bundesrat ein bisschen beleidigt, und es gibt einen Entscheid der Bundesanwaltschaft (vom 15. Oktober 1942), was in diesem Fall zu tun sei; dieses Dokument ist in dem Erinnerungsbuch «Anne Frank und wir» abgedruckt. Darin heisst es wörtlich, das Vorgehen des Lehrers der Klasse sei zu beanstanden «hinsichtlich des Verfahrens, zu diktieren, selbst im Hintergrund zu bleiben und die Schülerinnen vorzuschicken». Wonach die Behörde dann zum Schluss kommt, rechtlich sei nicht weiter vorzugehen, aber das Schulamt solle dem Lehrer einen Verweis erteilen.

Es wurde also von den Behörden angenommen, nicht die Schülerinnen hätten diesen Brief verfasst, sondern der Lehrer. Ob es sich tatsächlich so verhielt, ist heute schwer zu sagen, denn die Mädchen haben den Brief tapfer auf sich genommen. Die Schülerin Heidi W. hat ausgesagt, sie habe ihn «geschrieben», wobei es in der Schwebe bleibt, ob damit «verfasst» oder nur «ins Reine geschrieben» gemeint war.

In unserem Zusammenhang ist der objektive Tatbestand nicht mehr wichtig. Wichtig ist nur, dass der Brief, obwohl auf den ersten Blick ergreifend, auf den zweiten Blick eher unglaubwürdig aussah, so dass man dem Bundesrat keinen Vorwurf machen kann, wenn er ihn nicht tel quel akzeptiert hat. Ich habe diesen Fall etwas breit ausgeführt, weil er in dem Buch «Anne Frank und wir» zur Grundlage einer massiven Attacke auf die damalige Regierung, besonders auf Bundesrat von Steiger, genommen wurde.

Wie kam man dazu, die Schweiz des Nicht-Wissen-Wollens zu bezichtigen?

1) Aus guter pädagogischer Absicht: Es sollte gezeigt werden, wie unvollkommen «wir» damals unsere Humanitätspflicht erfüllt hätten, und wie nötig es sei, dass wir sie heute voll erfüllen.
2) Als Kampfmittel derer, die (in Deutschland oder in der Schweiz) die Generation der Väter angreifen wollten; siehe mein Kapitel «Wie kam es zur sündigen Schweiz?». Dabei kam es den Anklagenden zustatten, dass es gegen den Vorwurf: «Du hast das gewusst» nie einen objektiven Gegenbeweis geben wird – im Gegensatz etwa zum Vorwurf: «Du hast das getan».
3) Aus begrifflicher Unschärfe: «Verfolgungen» und «systematische Tötung» wurden nicht klar unterschieden, ebenso «die Schweiz» und «gewisse Beamte der Schweiz». Dies gilt auch für den *Bericht 1996* (s. oben S. 92 ff.), bei dem der Gebrauch der Wörter «Lager» und «Deportationen» zu präzisieren wäre.
4) Aus der Unfähigkeit (mangels Phantasie), sich eine gut funktionierende Geheimhaltung vorzustellen. Heute werden Geheimnisse, vor allem staatliche, so rasch ausgeplaudert, dass man geradezu von Inkontinenz sprechen muss; irgendwie sickert alles durch, und zwar sofort. Viele Medien fördern diese Inkontinenz, unter anderem dadurch, dass sie allem Schweigen einen negativen Stellenwert geben: es wird «Totschweigen», «Tabu», «Verdrängen» etc. genannt, wogegen für das Gegenteil so attraktive Ausdrücke wie «Offenheit», oder «Transparenz» verwendet werden. Damals aber galt – in der Schweiz so gut wie im Ausland – der Grundsatz «Wer nicht schweigen kann, schadet der Heimat». Geheimhaltung war lebenswichtig. Dementsprechend war jedermann gewöhnt, den Mund zu

halten und Vertrauliches nicht weiterzutratschen. Die Furcht vor Strafe spielte dabei eine geringe Rolle.
Heute ist dies anders, und deswegen hört man immer wieder: «Es ist doch ganz unmöglich, dass nichts durchgesikkert ist. Man muss doch etwas gehört haben». Dies wäre für die heutige Zeit richtig; für die damaligen Verhältnisse ist es falsch.

12) Die Erschiessungen

Wie es heute dargestellt wird:

Auf Befehl «des Generals» (oder «der Offiziere») wurden arme Teufel, unter ihnen der Artilleriefahrer Ernst Schrämli, wegen angeblichen Landesverrats erschossen. Man hängte die Kleinen und liess die Grossen laufen.

So heisst es in Max Frischs «Dienstbüchlein» und, detaillierter, in dem Buch von Niklaus Meienberg, «Die Erschiessung des Landesverräters Ernst S.» (1977) und dem gleichnamigen Film von Richard Dindo. Ähnlich in Peter Nolls Buch «17 Landesverräter und Todesurteile» (1980).

Meine Erinnerungen:

Im Herbst 1942 hatte ich Dienst im Stab der 7. Division; wir waren in einem Dorf im Kanton St. Gallen einquartiert. An einem Abend, es muss der 10. November gewesen sein, musste ich noch eine Stunde Telefondienst absolvieren, bevor ich mich zu meinen Kameraden begeben konnte, die bereits im «Rössli» oder «Sternen» zusammensassen. Auf dem Weg begegnete mir im Zwielicht ein Zug Soldaten, die mir auffielen: Sie trugen den Karabiner und hatten doch Policemützen auf. Alle, die in ein Manöver oder in eine Nachtübung gingen, trugen sonst unweigerlich den Helm. Sonderbar, gehen die wohl zu einem Nachtschiessen im Stand, ging es mir durch den Kopf; dann vergass ich die Sache wieder.

Am nächsten Morgen erfuhren wir dann, dass der Artilleriefahrer Ernst Schrämli wegen Landesverrat – er hatte schweizerische Artilleriegeschosse und Zeichnungen eines Befestigungsabschnitts einem Funktionär des deutschen Konsulats in St. Gallen übergeben – erschossen worden war. In dem Lokal, wo wir zu Mittag assen, war ein Wachtmeister aus dessen Einheit. Der erzählte ganz kurz, wie es zugegangen sei: Ein Auto habe ihn gebracht; als merkwürdig sei es dem Erzählenden aufgefallen, dass der Verurteilte über seinen Fahrer-Hosen nicht wie üblich die Wadenbinden trug – man hatte dem armen Teufel nicht noch zumuten wollen, seine Wadenbinden zu wickeln. Dann sei alles sehr rasch gegangen – der Erzähler ging auf keine Details ein; er sagte nur noch, es habe «den Hauptmann schwer mitgenommen» und wohl alle Beteiligten. Nachher hätten diese die Erlaubnis bekommen, noch etwas aufzubleiben und «auf den Schreck hin einen Schnaps zu trinken», und wer wollte, habe sich noch einzeln mit dem Feldprediger aussprechen können, der im Nebenzimmer bereit war.

Das Ereignis war für uns alle ein Schock, und es bewegt uns noch heute. Das heisst aber nicht, dass die Soldaten das Urteil als ungerecht empfunden hätten. «Er hat uns verseckeln wollen», war, so viel ich vernahm, die allgemeine Meinung; dies bestätigt Schoops «Geschichte des Kantons Thurgau», S. 384. Und als die Gnadengesuche der drei damals Verurteilten vor die Vereinigte Bundesversammlung kamen, hiess es bei uns: «Hoffentlich werden die nicht noch weich.»

Weitere Tatsachen:

Die Schweiz befand sich damals in einem Tief. Zwar hatte sich die Wende mit El Alamein – die Engländer warfen erstmals Rommel zurück – bereits angebahnt, aber man spürte sie noch nicht, vielmehr standen die Deutschen auf der Höhe ihrer Macht. Über ihre lebhafte Spionagetätigkeit berichtet u. a. Hans-Rudolf Fuhrer: «Die geheimen deutschen Nachrichtendienste in der Schweiz im 2. Weltkrieg», Frauenfeld, Huber, 1982.

Drei Mann waren damals wegen Landesverrat angeklagt. Sie richteten Gnadengesuche an die Vereinigte Bundesversammlung. Diese trat eigens dafür zusammen, lehnte aber alle drei Gesuche ab, Schrämlis Gesuch mit 176 zu 36 Stimmen, diejenigen der Fouriere Feer und Zürcher, die keine schwere Jugend gehabt hatten und erst noch Unteroffiziere waren, noch entschiedener, nämlich mit 200 zu 21 und 202 zu 18 («Der Bund», 10. 11. 1942, Extrablatt von 14.30; Faksimile in «Dokumente des Aktivdienstes», ed. H. R. Kurz, Frauenfeld, Huber, 1965). Die Minderheit stimmte übrigens nicht etwa für eine leichte Strafe, sondern für lebenslängliches Zuchthaus.

Die willentliche Tötung eines Menschen – zumal wenn sie durch die Staatsgewalt geschieht – wird mit Recht als etwas Furchtbares empfunden. Sie regt aber auch die Phantasie ungeheuer an. Tatsächlich entstanden nachher zahlreiche Legenden, soviel ich sehe allerdings erst zwei Jahrzehnte später.

In der Darstellung von Meienberg heisst es, die Offiziere hätten nach der Erschiessung Schrämlis ein Saufgelage gefeiert – aus Genugtuung darüber, dass wieder ein Proletarier erledigt worden sei. Dieses «Saufgelage» ist wahrscheinlich eine spezielle Interpretation des damals bewilligten «Trostschnapses». Unser Wachtmeister hat nichts davon gesagt, und es ist ja auch ganz unwahrscheinlich, dass der Hauptmann, «den es schwer mitgenommen hat», so etwas gewollt und veranstaltet hätte.

Weiter spukt bei vielen die Legende, dass es «die Offiziere» waren, welche die Erschiessung veranlassten. In Otto F. Walters Roman «Zeit des Fasans» (S. 132 und 135) wird sogar General Guisan damit in Verbindung gebracht: «Ausserordentliche Kompetenzen des Generals [...]: Verhängung der Todesstrafe durch Militärgericht». Dazu ist erstens zu sagen, dass die Todesstrafe im Militär nichts mit dem General zu tun hatte. Im

Prinzip galt das Militärstrafrecht von 1859, das für Kriegszeiten die Todesstrafe vorsah. Übrigens war auch im Zivil die Todesstrafe erst vor kurzem abgeschafft worden – mit dem neuen Eidgenössischen Strafgesetzbuch, das vom Volk im Juli 1938 angenommen wurde. Und wie im Zivil gab es auch im Militär Gewaltentrennung: die Militärjustiz war unabhängig vom Oberkommando der Armee. Und schliesslich gingen die Gnadengesuche ja zuletzt an die Bundesversammlung; das letzte Wort hatte also eine zivile Instanz.

Die Bundesversammlung hatte ausser der Ablehnung der drei Gesuche noch etwas beschlossen. Nämlich, dass die Details der Vollziehung durch den Bundesrat zu regeln seien. Es ist wichtig, das zu wissen, weil es eine weitere Legende gibt, an die viele Menschen, denen man dies nicht zugetraut hätte, heute noch glauben. In der Erzählung «Noch ein Wunsch» von Adolf Muschg berichtet ein Schweizer Offizier als Wahrheit: «Aber sie [die Schiessenden] wussten nicht, ob ihr Gewehr scharf geladen war. In manchen Läufen steckten blinde Patronen.» Die Geschichte von den blinden Patronen (oder von *einer* blinden Patrone) passt gut in das Erzählgut, welches traditionellerweise Hinrichtungen umgibt: die Gnade für jedes zehnte Opfer, der Letzte Wunsch, die Errettung vom Galgen durch eine heiratswillige Jungfrau und so weiter. So werden sich manche gesagt haben: typischer Militärbrauch, ursprünglich als Gnade gedacht, aber mit gegenteiliger Wirkung – dass nämlich ein Mensch sein Leben lang nicht weiss, ob er nun jemanden getötet hat oder nicht. Die Zuhörerin bei Muschg sagt denn auch: «Cochonnerie», und der uninformierte Leser ist geneigt, ihr zu folgen. Wenn man aber weiss, dass der korrekte und vorschriftentreue Bundesrat die Details geregelt hat, kann man auch diese Legende, für die es keine konkrete Unterlage gibt, getrost verschwinden lassen.

Eine Art Legende ist es schliesslich, wenn man, wie dies öfters (u. a. bei Frisch, Meienberg, Walter) geschieht, einen einzigen der Erschossenen, nämlich Schrämli, den einfachen Soldaten, dem das Leben übel mitgespielt hat, einen Woyzek, der unser Mitleid weckt, heraushebt und über die andern schweigt. Es wurden keineswegs nur «kleine Leute» erschossen; schon mit Schrämli zusammen waren es zwei höhere Unteroffiziere, später auch Offiziere verschiedener Grade. Insgesamt wurden während der Kriegszeit 33 Todesurteile verhängt, von denen 17 durch Erschiessen vollstreckt worden sind (Kurz: «Dokumente des Aktivdienstes», S. 121).

Man hat heute Mühe zu verstehen, dass Landesverrat ein schweres Vergehen ist. «Für ein paar Granaten», heisst es in O. F. Walters Roman, und ganz offensichtlich steht dahinter der Gedanke «was ist das schon?» In Wirklichkeit handelte es sich um die neuesten, eben entwickelten panzerbrechenden Geschosse. Und immer ist zu bedenken, was ich am Schluss des letzten Kapitels betont habe: Wir sind heute daran gewöhnt, ja wir erwarten es geradezu, dass alle Staatsgeheimnisse sogleich ausgeschwatzt werden. Die heutige Generation empfindet alles, was nicht völlige «Transparenz» ist, leicht als mehr oder weniger kriminell. Damals war das umgekehrt: Geheimhaltung war – in militärischen und vielen anderen Dingen – absolut lebenswichtig, Verrat war Verrat.

13) Die damalige Mentalität

Bei diesem Kapitel ist es nicht nötig, ausdrücklich über heutige Fehlmeinungen zu sprechen. Es wird nichts Falsches erzählt, weil die jüngere Generation überhaupt nichts darüber weiss, wie man damals dachte. Es gibt darum auch keine flagranten Fehler zu korrigieren. Trotzdem kann es nicht schaden, wenn ich als Zeitgenosse zu berichten versuche, wie damals die Mentalität der Schweizer, besonders der Deutschschweizer war. Ich stütze mich dabei auf einen früheren Aufsatz: ‹Alltag vor 50 Jahren›, in meinem Buch «Streiflichter», Tübingen 1995.

Vielleicht der grösste Unterschied zu heute: Man fühlte sich noch viel mehr in der Mitte der Welt – nicht als Schweizer, wohl aber als Abendländer. Das ganze Geschichtsverständnis war auf den «weissen Mann» zentriert. Das hatte mit Rassismus oder gar Nationalsozialismus nichts zu tun; es war lange vorher so gewesen. Die Kreuzzüge und die Entdeckung Amerikas – heute von namhaften Historikern als kleinere oder grössere Schuld Europas angesehen – galten noch unbestritten als Grosstaten, auf die man stolz war. Die Schüler rezitierten:

«Zur Rechten sieht man wie zur Linken
Einen halben Türken heruntersinken»

und freuten sich, dass der Held von Uhlands Gedicht «Schwäbische Kunde» sich im Heiligen Land so tapfer geschlagen hatte. Dabei wäre es keinem eingefallen, einem wirklichen Türken etwas Böses zu wünschen; wie man denn auch das Lied vom Sieg über die Österreicher bei Sempach, «Lasst hören aus alter Zeit», triumphierend sang, dabei aber die lebenden Österreicher herzlich gern hatte.

Allgemein kannte man, was fremde Völker und Rassen betrifft, noch wenig von dem, was 50 Jahre später als «political correctness» bezeichnet werden sollte. Man sprach noch ungeniert von «Negern» oder gar «Niggern». «Was ist das für ein Negerbetrieb!», schalt der Lehrer. «Schuften müssen wir wie die Nigger!», klagten die Schüler. Gelegentlich gab es einen, der einen wirklichen Neger gesehen hatte, die andern hielten sich bei ihren Vorstellungen an «Onkel Toms Hütte». Es liegt eine Welt zwischen jenem (ganz unaggressiven) eurozentrischen Selbstverständnis und der heutigen Ersten Welt mit ihrem beständig schlechten Gewissen.

Apropos Gewissen. Man hatte allgemein noch mehr ein persönliches Gewissen. Ein Mensch war dann mit sich zufrieden, wenn er seine tägliche Pflicht – und sie war sauer – getan hatte. Ein kollektives Gewissen, das uns sagte, was «wir» alles falsch gemacht hätten, gab es kaum. Jedenfalls sprachen die Medien nicht davon. Im Zusammmenhang damit: Zufriedenheit galt noch als eine (christliche) Tugend, denn sie bedeutete, dass der Mensch sein Los innerlich ohne zu murren, ja vielleicht sogar dankbar, annahm, und dass er gegen aussen nicht aggressiv war. Erst zwei Jahrzehnte nach dem Krieg kam der sprachliche Brauch auf, vor das Wort «Zufriedenheit» regelmässig das Adjektiv «satt» zu setzen, wodurch Zufriedenheit zu etwas Egoistischem und moralisch Unakzeptablem umfunktioniert wurde.

Viele Ängste, die heute manchen Menschen zu schaffen machen, waren noch unbekannt. Von Luftverschmutzung und Umweltschädigung und den damit verbundenen Gefahren war nie die Rede. Man ass geriebene Mandeln, wenn man dazu kam. Cholesterin «entgiftete den Körper». Soldaten und sparsame Familien zerschnitten ihre Tageszeitung zu Toilettenpapier. In den Schuhgeschäften stand ein Röntgenapparat, der einem zeigte, wie die Schuhe passten, und dabei täglich das Personal verstrahlte. Man hatte den Mund voller Amalgam, baute mit reichlich Asbest, und vor allem: man rauchte –im Militärdienst war «eine Zigarettenlänge» die normale Einheit für eine Pause. Ozon galt als gesundheitsfördernd, und jeder Kurort, der etwas auf sich hielt, pries in seinem Prospekt «unsere ozonreichen Wälder» an. Kinderlähmung und Tuberkulose waren noch eine grosse Bedrohung, gegen die wenig oder gar nichts zu unternehmen war.

Man entschied sich für einen Beruf oder für eine Ehe *einmal*. Schnuppern war möglich, aber nicht institutionalisiert. Der Begriff «Treue» war allgemein anerkannt und galt als – erstrebenswerte, wenn auch nicht immer verwirklichte – Norm, sowohl für die Ehe, wie auch das Verhältnis zum Staat und vor allem auch das Verhältnis zu sich selbst. «Dir selber treu», ein Zitat aus «Hamlet», dann Titel eines englischen Romans (von Eric Knight) und Films, fand einen starken Widerhall. «Treue» war nicht, wie viele heute meinen, «Sturheit», oder gar ein Nazi-Wort; es hiess, dass ein Mensch konstant blieb und dass man sich darum auf ihn verlassen konnte.

Tatsächlich liegt in der Idee der Treue ein gewisser Trost angesichts der bedrohlichen Unstabilität und Wandelbarkeit der Welt, die ja den heutigen Menschen so viel Kummer macht. Eine ganze Generation scheut sich jetzt davor, bindende Verpflichtungen (etwa in Gestalt von Eiden, Gelöbnissen, «Treue fürs Leben») abzugeben; dies entspricht vermutlich der Idee der unaufhaltsamen Veränderung, besonders auch der eigenen Person.

Dieser Gedanke grenzt das Lebensgefühl der Nachkriegsgeneration entscheidend von der früheren ab. Ein Markstein ist der 1945 erschienene amerikanische Aussteiger-Roman «The Catcher in the Rye» / «Der Fänger im Roggen» von D. Salinger, wo es kurz vor dem Schluss heisst: «Eine Menge Leute fragen mich andauernd, ob ich mich dann anstrengen werde, wenn ich im September wieder an die Schule komme. Eine ganz blöde Frage, meine ich. Wie kann man denn wissen, was man tun wird, bevor man es wirklich tut? Das kann man überhaupt nicht wissen.»

Mit der Treue verwandt ist das «Durchhalten», das ja nicht viel anders ist als «angewandte Treue». Heute meinen viele, es sei ein Nazi-Wort. Natürlich haben die damaligen deutschen Führer zum Durchhalten aufgerufen; es gab in Deutschland Durchhalteparolen und sogar Durchhalteschlager. Aber wenn General Guisan das Wort gebrauchte, was nicht selten geschah, so ging er von der französischen Entsprechung «maintenir» aus, die, wie man weiss, als jahrhundertealte Devise eines Fürstenhauses eine lange, unbescholtene Vergangenheit hat.

Weiter, in losem Zusammenhang mit der «Treue»: Die «Pille» war noch bis 1964 unbekannt. Über die mit dem «Sex» (das Wort existierte im Deutschen noch nicht) verbundenen Gefahren und Probleme wurden die jungen Leute nur sehr kursorisch aufgeklärt. Dies führte im einzelnen zu manchen Katastrophen; dafür aber herrschte allgemein weniger Angst vor «schlechten Leistungen». Fragen wie «Werde ich es auch richtig machen?», und «Habe ich das Plansoll an Entzücken erfüllt?», behelligten nur einige wenige Hypochonder. Es gab überhaupt noch nicht jenes erdrückende Übermass an Vorinformation, das heute das authentische Erlebnis, wenn es endlich da ist, oft total verdirbt – siehe dazu: ‹Sprachliche Vorwegnahme – ein Aspekt unserer Kultur›, in E. Leisi: «Aufsätze», Heidelberg 1978.

Die *soziale Sicherheit* war unvergleichlich schlechter als heute. Der Lohnausgleich für Militärdienstpflichtige war gering; es gab noch keine reguläre staatliche Hilfe für Alte und Invalide. Versicherungen waren allgemein seltener. Und mancher Angestellte, der von seiner Firma eine Pension erwartet hatte, ging leer aus, wenn diese Firma inzwischen Bankrott machte.

Und doch hatte man im ganzen *weniger Ängste.* Zum Teil

natürlich, weil man mögliche Gefährdungen noch nicht kannte. Wichtiger aber scheint mir dies: Durch den Krieg war der «Bedarf an Angst» für den Durchschnittsmenschen völlig abgedeckt. Auch als der grosse Schrecken vom Mai 1940 vorüber war, horchte man noch immer angstvoll nach Deutschland hinüber und fragte sich, ob die latente Bedrohung nicht plötzlich manifest würde. Viele fürchteten, den irrtümlichen alliierten Bombardierungen, die in der Schweiz viele Tote und Verletzte forderten, einmal selbst zum Opfer zu fallen. Neben diesen akuten Bedrohungen erschien die blosse Möglichkeit einer eventuellen späteren Gesundheitsschädigung völlig unwichtig.

Wie die Angst, so brauchte auch die *Aggression* ihr Ziel nicht lange zu suchen. Man hatte den einen grossen Feind: Hitler und seine Nazis; ihn hasste mit wenig Ausnahmen die ganze Bevölkerung. Und darum konnte man sich im «Binnenverkehr» um so mehr Freundlichkeit leisten. Natürlich gab es einzelne Streitereien aller Sorten und Grade, aber kein allgemeines Malaise, kaum Demonstrationen und Protestbewegungen; es gab auch keine Trupps von jungen Leuten, welche «Action» suchten. Und natürlich kein Drogenproblem.

Die alte Generation wird heute oft gefragt: «Warum habt ihr dies oder jenes geduldet?» Darauf gibt es nach meiner Meinung zwei Antworten. Die erste lautet, wie man nun erwarten kann: «Weil wir (dank abgeleiteter Aggression) friedfertig waren.» Ein einziges Mal hörte ich, beim Besuch einer Veranstaltung der «Jungen Falken» im Jahr 1941, einen Aufruf zum Streik, der aber längst nicht angenommen wurde. Als die Verhaftung einiger Dorfhonoratioren in Steinen (Schwyz), welche gegen die Rationierungsvorschriften verstossen hatten, vom Volk mit Gewalt verhindert wurde, blieb dies eine lang kommentierte Seltenheit. Diese Friedlichkeit betont auch, unterstützt durch statistische Zahlen, Sigmund Widmer in seiner «Illustrierten Geschichte der Schweiz», S. 443. Und Shakespeare trifft den Nagel auf den Kopf, wenn er im «Coriolanus» (IV, 5) sagt: «Peace [...] makes men hate each other».

Die zweite Antwort wäre gewesen: «Weil wir es nicht wussten.» Wie bereits gesagt: Es herrschte damals wenig von dem, was man heute Transparenz nennt. Nicht nur die militärischen Pläne, auch die diplomatischen und wirtschaftlichen Verhandlungen mussten geheim bleiben; das sah jedermann ein. Die Idee, dass jeder Staatsbürger ein *Recht* auf volle und rasche Information über alles Wichtige habe, wäre damals absurd, ja selbstmörderisch erschienen.

Fast vergessen sind die vielen kleinen Freiheiten, die der einfache Bürger damals genoss. Man durfte noch ungestraft im eigenen Garten ein loderndes Feuer machen, die tote Lieblingskatze begraben oder einen Baum fällen. Vom Tram abspringen, theoretisch verboten aber viel praktiziert, gab dem Alltag Würze, weil nicht ungefährlich, da für die Autos noch keine Geschwindigkeitsbeschränkung herrschte. Man durfte parken, baden, skilaufen, die Strasse überschreiten, *wo man wollte;* es gab keine Ketten an den Trottoirrändern und keine obligatorischen Unterführungen. Man durfte das Haus und das Auto unverschlossen lassen, wenn es einem so beliebte. Alles auf eigene Verantwortung.

Hätte man uns zu jener Zeit gesagt, wieviel an kleinen Freiheiten wir in den nächsten fünfzig Jahren verlieren würden, so wären wir tief erschrocken. Aber glücklicherweise kann man die Zukunft nicht voraussehen.

14) Caritas

Es schwebt bis heute der Vorwurf in der Luft, die Schweiz habe damals ihre Neutralität im wesentlichen dazu benutzt, fette Profite zu machen.

«Kein Ruhmesblatt».

Zu diesem Punkt kann ich nur wenige persönliche Erinnerungen beisteuern; ich habe leider keine Profite gemacht. Unbestritten ist, dass die Schweiz als eine der ganz wenigen unbeschädigten Produktionsstätten Europas in der Lage war, den benachbarten Nationen wichtige Güter – z. B. Graphit – zu liefern und daran zu verdienen. Anderseits steht ebenso fest, dass sie sich beständig in einer Zwickmühle befand. Die Schweiz war lange Zeit ganz von den Achsenmächten umgeben. Diese konnten ihr die Nahrungsmittel- und Rohstoffzufuhr abschneiden, wann immer sie wollten; sie sassen also am längeren Hebel und waren in der Lage die Schweiz fast nach Belieben zu erpressen. Später, von 1944 an, geriet sie dann unter ebenso grossen Druck der Alliierten; hierüber berichtet Oswald Inglin: «Der stille Krieg», Zürich, NZZ 1990. Wie immer die Schweiz entschied: *eine* Kriegspartei war jeweils enttäuscht und zu Vergeltungsmassnahmen bereit. Rosig sah es also für die Schweiz nicht aus, nicht einmal für die Banken oder die Industrie.

Trotzdem: das Bild der sich gemächlich am Krieg bereichernden Schweiz hat sich bei vielen Menschen tief eingeprägt. Es ist deshalb nötig, einmal zu sagen, was die Schweiz international an Opfern geleistet hat. Das soll hier in drei Abschnitten geschehen:
1) Grosse Retter und Vermittler.

2) «Helvetia mediatrix»: Die Schweiz als Brücke.
3) Finanzielle Opfer.

Grosse Retter und Vermittler

Unmittelbar vor dem Schluss des Krieges waren viele deutsche Städte in Gefahr, zusammengeschossen zu werden. Die Alliierten – in der Nähe der Schweiz die Franzosen – rückten bis in die Nähe vor und drohten die Städte zu beschiessen. In vielen Fällen verhinderten fanatische Nazis die Übergabe; es sind mehrere Fälle bekannt, wo ein Bürgermeister, welcher für Übergabe war, von Partei-Instanzen in letzter Minute gehängt oder erschossen wurde.

In anderen Fällen flüchteten die Nazis rechtzeitig, und die Übriggebliebenen kamen – oft nach harten Auseinandersetzungen – zur Meinung, dass angesichts der aussichtslosen Lage die Stadt übergeben werden solle. Die Frage war dann natürlich: Wer soll das einleiten; wer ist mutig und vertrauenswürdig genug?

So war das unter anderem in Konstanz. Hier übernahmen Schweizer die nicht ungefährliche Vermittlerrolle, darunter Otto Raggenbass, der Bezirksstatthalter von Kreuzlingen. Als die französischen Truppen der Armee General De Lattre de Tassignys von Freudenstadt – Rottweil über Allensbach gegen Konstanz vorrückten, fuhren ihnen in einem Auto mit weisser und Schweizer Fahne die Schweizer entgegen, trafen auf die Spitzengruppe und konnten die Übergabe einleiten. Ein Bericht hierüber findet sich bei Schoop: «Geschichte des Kantons Thurgau», S. 402 f., sowie in dem Buch «Trotz Stacheldraht» (Konstanz 1964) von Otto Raggenbass. Die verschiedenen Berichte differieren in Einzelheiten; ich halte mich an die Version, die mir mein Klassenkamerad Josef Raggenbass, der Bruder des Statthalters, erzählt hat. Wer auch nur etwas Phantasie hat, wird diesen Vermittlern, welche (ohne Befehl, ohne Entschädigung, rein aus nachbarlichem Engagement) der Spitze einer kriegsmässig vorrückenden, zum Schuss bereiten Armee entgegenfuhren, seine Bewunderung nicht versagen.

Fast zu gleicher Zeit waren andere Schweizer massgeblich an den Verhandlungen beteiligt, durch welche Singen und Bregenz gerettet werden konnten; siehe den Katalog der Wanderausstellung «Endlich Friede! Kriegsende 1945 in der Bodenseeregion» (St. Gallen und Kreuzlingen, Sommer 1995) S. 2. Im Raum Bonn – Bad Godesberg hat der Schweizer Generalkonsul von Weiss dazu beigetragen, dass es nicht zu sinnlosen Zerstörungen und Verlusten kam (NZZ 19. 5. 1995).

Ähnlich, aber noch mehr im Licht der Öffentlichkeit, hat sich die Übergabe von Vichy abgespielt. Dort sass bekanntlich die von Deutschland abhängige französische Regierung. Im August 1944 wurde die Lage kompliziert: Es näherten sich alliierte Truppen, das Maquis begann offen einzugreifen, aber die deutsche Wehrmacht war immer noch im Ort. Da war es der schweizerische Gesandte, Minister Walter Stucki, welcher auf abenteuerlichen und gefährlichen Wegen die Vermittlung durchführte und es zustande brachte, dass die verschiedenen Parteien einig wurden und die Stadt unzerstört blieb. Ihm wurde das Ehrenbürgerrecht der Stadt verliehen, und eine Strasse in Vichy wurde nach ihm benannt. Er schildert seine Erinnerungen in dem Buch «Von Pétain zur Vierten Republik»; ein weiterer Bericht findet sich in dem kleinen Katalog zu der Ausstellung «Die guten Dienste der Schweiz», Landesmuseum Zürich, 1975.

Noch bekannter sind heute die *grossen Retter*, Schweizer Persönlichkeiten, welche legal oder illegal Tausende von Menschen, namentlich Juden, vom Tod errettet haben. Allen voran *Carl Lutz* (1895–1975), in den Jahren 1942–1945

Schweizer Vizekonsul in Budapest. Ihm gelang es, über 100 000 Juden vor der Verschleppung und Vernichtung zu retten. Man weiss nicht, was man mehr bewundern soll: den Mut, mit dem er seine Kompetenzen bis über den Rand strapazierte, oder die Klugheit, mit der er die Nazis täuschte, oder aber seine Organisationsgabe, mit der er die Bedrohten in sogenannten «Schweizerhäusern» unterbrachte. Keine geringe Rolle spielte es dabei, dass während des Krieges die Schweiz einen guten Teil des diplomatischen Verkehrs zwischen den verfeindeten Nationen als *Schutzmacht* besorgte; so vertrat die Schweiz in Ungarn u. a. die britischen Interessen – und damit auch diejenigen des Mandatgebiets Palästina, für das Lutz eine grosse Zahl von rettenden «Einwanderungszertifikaten» abgab. Siehe den Artikel über Lutz im «Schweizer Lexikon» Bd. 4, 1992, sowie Theo Tschuy: «Carl Lutz und die Juden von Budapest». Verlag NZZ, 1995.

Dem Schweizer *Louis Häflinger* (1904–1993) gelang es als Vertreter des Roten Kreuzes, die bei Kriegsende verbliebenen Häftlinge des Konzentrationslagers Mauthausen, etwa 63 000 Personen, zu retten (NZZ 3. 5. 1995) .

Über die Rettung von 10 000 Gefangenen des Konzentrationslagers Ravensbrück durch Carl J. Burckhardt berichtet J. Bacque: «Der geplante Tod», Berlin, Ullstein 1993.

In der Schweiz selbst war es Polizeikommandant *Paul Grüninger* (1891–1972), der Hunderten von Juden potentiell das Leben rettete, indem er ihnen entgegen den bundesrätlichen Weisungen die Einreise in die Schweiz ermöglichte. Dazu manipulierte er Ausweise, u. a. durch falsche Datierung. Er wurde «wegen fortgesetzter Amtspflichtverletzung» 1940 vom Bezirksgericht St. Gallen zu einer Busse verurteilt. In einem Revisionsprozess ist er Ende November 1995 vom gleichen Gericht, 23 Jahre nach seinem Tode, freigesprochen und rehabilitiert worden. Über ihn orientiert u. a. das Buch «Grüningers Fall» von Stefan Keller, Zürich 1993.

Nicht in die Geschichte eingegangen sind die unzähligen Helfer und «Passeure», welche Flüchtlinge auf Schleichwegen in die Schweiz gebracht haben. Ebensowenig die Zehntausende von Privatpersonen, die die vielen in die Schweiz gelangten Flüchtlinge und Ferienkinder freiwillig betreuten, ihnen zu essen gaben, Notspitäler einrichteten, Sammlungen veranstalteten: Medikamente, Kondensmilchbüchsen, Dörrgemüse, Schuhe, Betten, Leib- und Bettwäsche, Schulbänke. Im Frühsommer 1945 soll, wie mir mündlich mitgeteilt worden ist, der Thurgau «ein einziges Lazarett» gewesen sein; hierüber s. auch Schoop: «Geschichte des Kantons Thurgau», 394–412, sowie der Ausstellungskatalog «Endlich Friede!», S. 53 ff. In diesem Zusammenhang muss man ganz besonders den Schweizer Frauen danken, von denen sonst leider in diesem Buch nur wenig die Rede sein konnte. Sie haben für die Flüchtlinge und andere Notleidende in vielerlei Funktionen helfend gewirkt. Nicht vergessen sei auch, wie sie sich während des Aktivdienstes ihrer Männer auf den Bauernhöfen oder in den Werkstätten deren Pflichten – zusätzlich zu ihren eigenen – (fast) klaglos aufbürdeten.

Weiter muss von jenen Persönlichkeiten gesprochen werden, die, ohne direkt und physisch Retter zu sein, dennoch viel für die Menschlichkeit geleistet haben. Diejenigen nämlich, welche sich der Vermittlung von wahren *Nachrichten* widmeten. Zum Krieg gehörte ja auch die Propaganda; die Nazis liessen von ihrem Propagandaministerium aus alle Nachrichten streng zensieren und verbreiteten nur, was ihnen passte. Da waren es denn einige Schweizer, die in den Zeitungen und am Radio – das Fernsehen gab es bekanntlich noch nicht – die Dinge beim Namen nannten und das Lügengewebe wenigstens stellenweise zerrissen.

Viel gehört waren zwei Radiosendungen: Die wöchentliche «Weltchronik» von Professor von Salis und der Bericht für die Schweizer im Ausland von A. Laett. Nach dem Krieg erfuhr man, dass Tausende von Deutschen regelmässig diese Sendungen gehört hatten, obwohl auf ihrem Abhören und Verbreiten drakonische Strafen standen. Nicht zu zählen sind die vielen Zeitungsleute, welche ungeschminkte Berichte über die deutschen Zustände schrieben. Dies zu tun brauchte viel Mut; denn den mutigen Berichterstattern wurde von Deutschland massiv gedroht. Der Sprecher des Auswärtigen Amtes gebrauchte bei einer Pressekonferenz am 14. Oktober 1942 die folgenden Worte (abgedruckt u. a. in «Dokumente des Aktivdienstes», ed. H. Kurz, Frauenfeld, Huber 1965):

Die Schweizer Presse beginnt langsam in eine unanständige Polemik gegen Deutschland einzutreten. Für Journalisten, die gegen das neue Europa schreiben, wird darin kein Platz sein. Man wird kurzen Prozess mit ihnen machen. Vielleicht werden sie ihre Heimat in den Steppen Asiens finden – aber vielleicht wird es noch besser sein, wenn man sie ins Jenseits befördert.

Helvetia mediatrix – die Schweiz als Brücke

Es ist heute fast nicht mehr vorstellbar, wie getrennt die feindlichen Nationen durch den Abbruch der normalen Kommunikationen waren. Die Grenzen waren, ausser für wenige, gesperrt; Briefe waren, wenn sie überhaupt ankamen, wegen der Zensur oft sehr lange unterwegs; von Land zu Land zu telefonieren war praktisch unmöglich.

Da war es denn die Aufgabe der neutralen Schweiz, die abgebrochenen Brücken durch Notstege zu ersetzen, ein Minimum von Kommunikation zwischen den Feinden aufrechtzuerhalten. Sie tat das auf zwei Arten: Einmal durch das Rote Kreuz, das bekanntlich eine schweizerische Errungenschaft ist – sein Zeichen ist ja nichts anderes als eine Umkehrung des Schweizer Wappens – und ferner durch die «Guten Dienste».

Hier habe ich wieder eine persönliche Erinnerung. Mein Vater war mit der Konstanzer Familie L. befreundet. Der eine Sohn war bei der Wehrmacht, und noch kurz vor dem Ende des Krieges bekamen wir die Nachricht, dass er an der Front verschollen sei. Mein Vater schrieb sogleich an das Rote Kreuz; lange Zeit hörte man nichts; aber endlich, nach mehreren Monaten, kam eine kurze Mitteilung, der Soldat L. sei leicht verletzt in dem französischen Gefangenenlager XY, man könne ihm unter der und der Nummer schreiben und ihm einmal im Monat etwas schicken.

Wir machten sogleich ein Paket mit Inselbändchen und Esswaren. Und da unterdessen bereits Friede herrschte, konnte mein Vater mit einiger Mühe die Erlaubnis bekommen, nach Konstanz zu fahren und die Nachricht zu überbringen. Dies geschah, und er kam am Abend ganz bewegt zurück: Es sei unbeschreiblich gewesen, man habe ihn umarmt und geküsst, und alle hätten vor Glück geweint.

Diesen einen «Fall» muss man sich nun millionenfach multipliziert vorstellen. Neben seinen vielen anderen Tätigkeiten hatte nämlich das Rote Kreuz den *Zentralen Suchdienst* aufgebaut. Diesen gibt es heute noch; er erfasst alle Auskünfte über die Kriegsgefangenen, die Internierten, die freigelassenen oder repatriierten Personen, und leitet sie weiter. Im Kriege gab es zu diesem Zwecke eine gewaltige Kartei mit Abertausenden von Karten, auf denen «Gefangenschaftsbescheinigungen», aber auch Meldungen über Entlassungen oder Todesfälle verzeichnet waren. Natürlich konnte diese Kartei nur so zuverlässig sein wie die Meldungen, aus denen sie gespeist wurde. Hier gab es zwischen den verschiedenen Fronten grosse Unterschiede. Aber unser Bekannter hatte Glück gehabt; er war in Frankreich in Gefangenschaft geraten. In wie vielen Fällen eine durch das Rote Kreuz übermittelte Lebensnachricht eine Familie glücklich machen konnte, kann heute wohl niemand mehr ermitteln; es müssen aber Millionen gewesen sein. Über den Suchdienst orientiert ganz kurz der Katalog zur Ausstellung «Die guten Dienste der Schweiz» (Landesmuseum, Zürich, 1975).

Dort ist auch eine andere Vermittlungstätigkeit der Schweiz beschrieben, nämlich ihre Funktion als *Schutzmacht*. Bekanntlich werden, wenn es zum Krieg kommt, die diplomatischen Beziehungen abgebrochen. Dann ersuchen die Kriegführenden einen am Konflikt unbeteiligten Staat, als Schutzmacht zu amten. Die Aufgaben der Schutzmacht sind dann u. a.:

- Schutz des diplomatischen und konsularischen Personals.
- Schutz der Bürger des vertretenen Staates, sowie deren Hab und Gut.
- Schutz der Kriegsgefangenen (u. a. durch Besuch von Lagern).
- Ausstellung von Visa für das vertretene Land.

Wie bereits erwähnt, ermöglichten die der Schweiz als Schutzmacht übertragenen Befugnisse im Falle von Konsul Lutz die Rettung von Tausenden von Juden.

Fast unbekannt ist heute, welchen gewaltigen Umfang die Schutzmacht-Aufträge für die Schweiz im Zweiten Weltkrieg hatten. Ihr wurden nämlich 163 offizielle und 97 de-facto-Vertretungen übertragen, so dass sie mit 260 Mandaten fast drei Viertel aller Mandate der Welt innehatte. Einige Beispiele:

Die Schweiz nahm die Interessen von *Grossbritannien* wahr in: Bulgarien, China, Deutschland, Finnland, Frankreich, Italien, Japan, Rumänien, Thailand, Ungarn.

Sie nahm die Interessen *Deutschlands* wahr in: Argentinien, Chile, Grossbritannien, Guatemala, Haiti, Irak, Jugoslawien, Türkei, U.S.A.

Insgesamt war die Schweiz im Zweiten Weltkrieg Schutzmacht für 43 Staaten mit total 1.6 Milliarden Einwohnern oder vier Fünfteln der Erdbevölkerung. Die Abteilung «Fremde Interessen» war im Hotel Savoy in Bern untergebracht. Sie beschäftigte um die 1200 Personen. Insgesamt wurden etwa eine halbe Million Briefe und diplomatische Noten sowie über 64 000 chiffrierte und offene Telegramme bearbeitet.

Finanzielle Opfer

All dies war nicht gratis. In dem genannten Katalog «Gute Dienste» werden die Totalkosten der schweizerischen Schutzmachttätigkeit im Zweiten Weltkrieg mit *336 Millionen Franken* angegeben. Davon wurde ein grosser Teil den betreffenden Staaten in Rechnung gestellt, und viele, z. B. Italien, haben auch prompt bezahlt. Wieviel der Schweiz an Kosten insgesamt verblieb, ist mir nicht bekannt.

Ein finanzielles Opfer, das ganz von der Schweiz getragen wurde, sind die Zuwendungen an *Flüchtlinge*. Gemäss einer Statistik der Schweizer Polizeiabteilung vom 22. Oktober 1976 (mir freundlicherweise vermittelt durch Herrn Hugo Schwaller vom Bundesamt für Flüchtlinge) wurden während des Zweiten Weltkrieges für die Unterstützung der Flüchtlinge von Bund und Hilfswerken insgesamt *238 Millionen Franken* aufgebracht.

Nach Kriegsende, angesichts des Mangels in allen Nachbarstaaten, wurden in der Schweiz zahllose wohltätige Werke ins Leben gerufen. Das wichtigste davon war die *Schweizer Spende,* eine offizielle Sammlung zugunsten der Kriegsgeschädigten in Europa. Dieses umfassende Hilfswerk ist heute fast vergessen. Die Medien sagen wenig davon, und auch das neue «Schweizer Lexikon» hat kein entsprechendes Stichwort. Erst wenn man zum alten «Schweizer Lexikon» geht, findet man die gesuchte Auskunft: Gespendet wurde zu ³/₄ vom Bund, zu ¹/₄ von Kantonen, Gemeinden und Privaten; der Gesamtbetrag war *200 Millionen Franken*. Mir ist bekannt, dass Beträge bis zur Grösse eines Monatseinkommens gespendet worden sind. Man konnte das Land wählen, in das die Spende kommen solle. Weil Deutschland – obwohl am schlimmsten dran – aus verständlichen Gründen selten gewählt wurde, organisierte man in der Ostschweiz noch besondere Aktionen: eine Lastwagenkolonne für München, ein Gabenschiff für Friedrichshafen, Kartoffeln für Vorarlberg u.s.w. (S. «Endlich Friede!», S. 57). In diese Zeit fällt auch die Gründung des Pestalozzidorfs.

Die genannten Zahlen müssen noch etwas interpretiert werden – wobei wir die (oft lebensrettenden) Kartoffeln einmal weglassen und uns auf die Millionen beschränken wollen. Die Kaufkraft des damaligen Frankens dürfte etwa das Zehnfache des heutigen gewesen sein. Über damals übliche Löhne habe ich im Kapitel über die Internierten kurz gesprochen. Ein noch besseres Beispiel ist folgendes: Die Baukosten für die neue evangelische Kirche Zürich-Wollishofen, über die in den Jahren nach 1936 abgerechnet wurde, betrugen 895 000 Franken (nach freundlicher Mitteilung von Dr. W. Stutz, Denkmalpfleger). Heute würden dafür 10 Millionen schwerlich reichen. Dazu kommt, dass die Schweiz damals 4 Millionen Einwohner hatte, heute 7 Millionen, so dass gleiche Aufwendungen, umgerechnet auf den Einwohner, heute gut 1¹/₂ mal höher sein müssten.

Um die finanziellen Leistungen der Schweiz zu ermessen, müssen also die damaligen Zahlen mit etwa 15 multipliziert werden. Den 238 Millionen für Flüchtlinge würden heute 3¹/₂ Milliarden Franken entsprechen.

Neue Anklagen

Im Herbst 1996 – nachdem die erste Auflage dieses Buches eben abgeschlossen war – kamen, teils von Privatpersonen in New York, teils durch Schweizer vorgebracht, eine Reihe von massiven Anklagen:

1) Die Schweiz habe deutsches Raubgold (das als solches kenntlich gewesen sei?) angenommen und gehortet.
2) In vielen Schweizer Banken befänden sich Konten, die den Erben von verstorbenen Juden gehörten und diesen widerrechtlich vorenthalten würden.
3) Der Bunderat habe seinerzeit von den Schweizer Juden eine grosse Summe verlangt, um die in der Schweiz befindlichen jüdischen Flüchtlinge zu unterstützen.

Diese Anschuldigungen haben einstweilen den Status von *Vermutungen*. Sie werden jetzt von mehreren eigens dazu ernannten Kommissionen untersucht. Die Resultate dürften, so hört man, in etwa einem Jahr vorliegen. Bis dahin, und erst recht dann, gilt Artikel 11 der *Menschenrechte*:

(1) Jeder Mensch, der einer strafbaren Handlung beschuldigt wird, ist so lange als unschuldig anzusehen, bis seine Schuld in einem öffentlichen Verfahren, in dem alle für seine Verteidigung nötigen Voraussetzungen gewährleistet waren, gemäss dem Gesetz nachgewiesen ist.

(2) Niemand kann wegen einer Handlung oder Unterlassung verurteilt werden, die im Zeitpunkt, da sie erfolgte, auf Grund des nationalen oder internationalen Rechts nicht strafbar ist.

Wichtig ist ferner das alte und unangefochtene Prinzip, dass die Beweislast dem *Kläger* auferlegt ist: Nicht die Schweiz hat ihre Unschuld zu beweisen, sondern die Kläger haben die Schuld der Schweiz zu beweisen.

Zu der oft gehörten Behauptung, die Schweiz hätte mit den

Nazis keinen oder weniger Handel treiben dürfen, lese man jetzt den Leserbrief (NZZ 24. 1. 1997) des Juristen P. Plattner: Ein neutraler Staat ist völkerrechtlich nicht nur berechtigt, sondern verpflichtet, beide Parteien wirtschaftlich gleich zu behandeln. Dies bestätigen der Fachmann Hermann Weber (NZZ 13. 5. 97) und eine redaktionelle Zusammenfassung (ebda. 9. 5. S. 2).

Von einer Schuld «der Schweiz» kann dann und nur dann gesprochen werden, wenn es um Dinge geht, von denen die schweizerische Öffentlichkeit wusste und auf die sie einen Einfluss hatte.

Erfreulicherweise hat ein redaktioneller Artikel in der NZZ – «Tücken auf dem Weg der Wahrheit» (17. 12. 1996) – bereits nachdrücklich darauf hingewiesen, dass es nicht genüge, durch Historiker Fakten sammeln zu lassen, um sie dann nach einer unklaren «Moral» zu beurteilen; notwendig sei eine Beurteilung durch Juristen und nach juristischen Prinzipien.

Zum Schluss dieses Kapitels noch eine einfache Rechnung. Wer (nach wie vor) der Meinung ist, die Schweiz habe sich im Zweiten Weltkrieg über Gebühr bereichert, der möge Recherchen anstellen, wieviel diese ungerechtfertigte Bereicherung betragen habe. Er soll den *Beweis* dafür erbringen. Die so erhaltene Zahl wäre dann zu verrechnen mit folgenden Leistungen der Schweiz:

1) Nichtprivate Aufwendungen für Flüchtlinge
 (Bund und Hilfswerke) *238 Millionen*
2) Aufwendungen für die Schutzmachttätigkeit
 (336 Millionen, davon den Schuldnern erlassen nach grober Schätzung $1/3$): *112 Millionen*
3) Schweizerspende (Bundesanteil): *150 Millionen.*

Zusammen nach damaliger Währung *500 Millionen* entsprechend heute (vgl. S. 144) *7$1/2$ Milliarden Franken.*

Dies sind einige der freiwilligen charitativen Leistungen der Schweiz. Dabei handelt es sich (mit Ausnahmen eines Teils von 1) nur um die ausschliesslich vom *Bund* geleisteten grossen Beträge. Die kleineren Summen, die (immensen) privaten Leistungen, sowie die Leistungen der Kantone, Gemeinden und Hilfsorganisationen – die mit etwas gutem Willen auch heute noch annähernd zu bestimmen wären – sind hier nicht gerechnet.

15) Sammelsurium

In diesem Kapitel bringe ich eine Auswahl von kleineren, aber bedeutsamen Unrichtigkeiten, die der Korrektur bedürfen. Ich habe sie in Zeitungen, Romanen, Filmen etc. gefunden und behandle sie hier unter den Stichworten: Die Kinder der Landstrasse, Der Gotthardbund, Der Plan Wahlen, Der Fall Surava, Das Reduit-Denken. Sicher fände man bei längerem Suchen noch viel mehr.

Die «Kinder der Landstrasse».

In einer grossen Aktion innerhalb der ganzen Schweiz hat man während mehreren Jahrzehnten den «Fahrenden», das heisst den Jenischen oder Zigeunern, schulpflichtige Kinder weggenommen und bei sesshaften Leuten in Pflege gegeben, um sie einer «besseren» Erziehung zuzuführen. Diese Aktion, heute schwer verständlich, war seinerzeit gut gemeint. Man glaubte, von einem «Recht des Kindes» auf regelmässigen Schulbesuch, Eingliederung in die Gesellschaft und gute Lebens-Chancen ausgehen zu sollen. Tausende von Spendern zahlten treulich und regelmässig ihr Scherflein. Heute wird die Aktion als Symptom von rassistischen, also nationalsozialistischen Tendenzen kritisiert, u. a. in einem Film, der sie zum zentralen Thema hat.

Ein Bild in der NZZ, das ich leider gleich nach dem Lesen weggeworfen habe, zeigt eine Szene aus diesem Film. Dort fährt ein gedeckter Pferdewagen, auf dem Bock eine Familie von sympathisch aussehenden Fahrenden, langsam an einem typischen kleinbäuerlichen Schweizer Haus vorbei; dieses Haus ist mit einer Hakenkreuzflagge «geschmückt». Dem kann man entnehmen, und der harmlose Betrachter und Kinobesucher wird es sicher tun: Die sesshaften Schweizer waren damals den Fahrenden feindlich gesinnt; wie man an der Fahne sieht, sympathisierten sie ganz offen mit den Nazis, welche bekanntlich nicht nur Juden, sondern auch Zigeuner massenhaft umgebracht haben. So stand es mit der angeblichen Humanität der Schweiz.

Zu dieser schweren – wenn auch im Film nur sekundenlang vorgetragenen – Anklage ist folgendes zu sagen:

Wenn während der Nazizeit an einem Schweizer Privathaus eine Hakenkreuzfahne gehangen hätte, wäre sie innerhalb einer Stunde von der Bevölkerung abgerissen worden.

In beiden «Schweizer Lexika» (von 1950 und 1992) steht, dass die Aktion «Kinder der Landstrasse» 1926 begonnen wurde, also sieben Jahre vor den Nazis, mit denen sie nichts zu tun hat.

Der Gotthardbund

Der Gotthardbund war eine nach der Niederlage Frankreichs im Sommer 1940 gegründete überparteiliche politische Vereinigung. Wegen seines «bündischen» und «patriotischen» Namens wird er heute gelegentlich als etwas «Rechtes», oder sogar mehr oder weniger Faschistisches dargestellt.

Der Gotthardbund war die Antwort auf die defaitistische Haltung, die sich nach der Niederlage Frankreichs bei manchen Bevölkerungsgruppen der Schweiz breitzumachen drohte. Entgegen den anpasserischen Tendenzen vertrat er die Idee des Widerstandes. Später, kurz vor dem Kriegsende, als dies nicht mehr unmittelbar notwendig war, setzte er sich für soziale Reformen ein, z. B. dafür, dass bei Löhnen und Steuern zwischen Junggesellen und Familienvätern deutlicher unterschieden werde.

Der Gotthardbund hat während seiner ganzen Existenz nie eine «braune» Tendenz gezeigt; im Gegenteil, er ist in der gefährlichsten Zeit für konsequenten Widerstand eingetreten. Er hatte aber zwei schwere «Fehler»: Er war christlich und dazu gut eidgenössisch. Deshalb wollte er Leute, die vom Christentum nichts wissen wollten oder sich vom Ausland steuern liessen, nicht als Mitglieder annehmen. Daraus hat man später – zu Unrecht – versucht, ihm einen «braunen» Strick zu drehen.

Aus meiner mehrjährigen Mitgliedschaft kann ich berichten, dass ich in den Dutzenden seiner Publikationen, die ich damals las, nie ein antisemitisches Wort gehört habe. Auch gab es keine Gesinnungs-Schnüffelei. Als ich Mitglied werden wollte, und auch später, hat man mich nie nach meinem Glauben oder nach meinen Auslandsverbindungen gefragt.

Information über den Gotthardbund findet sich bei Christian Gasser: «Der Gotthard-Bund: Eine schweizerische Widerstandsbewegung», Bern, Haupt 1984, sowie, kurz, bei Schoop: «Geschichte des Kantons Thurgau», S. 369 f.

Der Plan Wahlen

Eine der grossen nichtmilitärischen Aktionen in der von den Kriegsmächten umgebenen und an Nahrungsmitteln knappen Schweiz war der von Bundesrat *F. T. Wahlen* ins Leben gerufene Plan für den landwirtschaftlichen Mehranbau.

Heute scheint man seine Wirksamkeit zu bezweifeln. In O. F. Walters Roman «Zeit des Fasans», in dem viele Hinweise auf die reale Schweiz vorkommen, heisst es (S. 259), er habe die landwirtschaftliche Produktion «nur um ca. 10% gesteigert».

Wer damals dabei war, weiss: Dieser Plan bedeutete eine gewaltige Anstrengung, in erster Linie natürlich für die Bauern – und wo sie im Militärdienst waren, ihre Frauen – aber auch für viele Privatleute (die z. B. ihren Zierrasen heroisch in ein Kartoffelfeld umfunktionierten), und schliesslich für die Städte – wer damals in Zürich war, erinnert sich an den vollständig zum Acker gewordenen Sechseläutenplatz. Mädchen zogen zu Tausenden in den Landdienst, um den Bauern und Bäuerinnen zu helfen. Kein geringerer als Hans Erni schuf 1942 das Plakat «MEHR ANBAUEN ODER HUNGERN?» mit dem spatenstechenden Mann und dem Hungergesicht im Hintergrund.

Die Schweizer der damaligen Generation waren stolz auf diesen Plan und seinen Urheber, den späteren Bundesrat Wahlen. Sogar wenn es gestimmt hätte, dass die Produktion nur um 10% stieg, hätte dies manche Menschen vor dem Hunger bewahrt. Aber dabei blieb es nicht. Es heisst im neuen «Schweizer Lexikon» (1993) unter «Plan Wahlen»: «Die Anbaufläche sowie die Getreide- und Kartoffelernten konnten damit ums Doppelte gesteigert werden.» Detailliertere Zahlen finden sich in dem Buch von Hermann Wahlen über Bundesrat Wahlen, Bern, 1975, S. 66–69.

Der Fall Surava:

Wie er heute dargestellt wird:
Der Schweizer Journalist Peter Surava (1912–1995) war als strikter Antifaschist gegen jede Anpasserei; er wurde (der Leser meint: «deshalb») behördlich verfolgt und vor Gericht gestellt. Ein Zeitungstitel lautet: «Sie nahmen ihm alles, auch seinen Namen.»

Dies war der Tenor zahlreicher Medien-Berichte zu seinem Buch «Er nannte sich Peter Surava», Stäfa 1991, und zu dem darauf beruhenden Film. Anlässlich seines Todes, Ende 1995, hörte man die gleichen Äusserungen ein zweites Mal.

Fest steht folgendes: Suravas Zeitung DIE NATION war lange Zeit (1940 bis Ende 1944, als er sie verliess) von allen

Schweizer Zeitungen diejenige, die am reinsten den Widerstand gegen das Nazi-Regime verkörperte. Dies ist zu einem guten Teil Suravas persönliches Verdienst: Er besass nicht nur ein grosses Schreibtalent, sondern auch gewaltigen Mut. Es kam ihm auch zugute, dass sich die NATION, gerade weil sie eine relativ kleine Zeitung war, mehr «leisten» konnte als eine der grossen Zeitungen, die von den Nazis täglich scharf beobachtet wurden – bekanntlich mussten die NZZ und viele andere ihre Standhaftigkeit damit büssen, dass sie in Deutschland verboten wurden und den dortigen (beträchtlichen) Markt verloren.

Ich las ab 1940 die NATION regelmässig. Sie machte auf Aufweichungssymptome aufmerksam, und vor allem, sie enthüllte schonungslos das unmenschliche Gesicht des damaligen deutschen Regimes. Ein Beispiel: Sie zeigte an Hand von Dokumenten, dass die Angehörigen von hingerichteten politischen Gegnern dem Staat *Hinrichtungsgebühren* bezahlen mussten – sie lagen zwischen 50 und 200 Mark. Mehr als irgend etwas anderes hat diese Vermischung von Unmenschlichkeit und Bürokratie – alles musste seine Richtigkeit haben – uns damals erschüttert. So etwas zu berichten, wagte keine andere Zeitung.

In Erinnerung ist mir auch Suravas Kommentar zu der unglücklichen Rede von Bundesrat Pilet-Golaz vom 25. Juli 1940, in der jener von «Anpassung an die neuen Verhältnisse» sprach und vom «neuen Gleichgewicht», das Europa finden müsse, und davon, dass nun jeder von uns «den alten Menschen ablegen» müsse. Und dass man im übrigen ganz dem Bundesrat vertrauen solle, welcher seine Beschlüsse jeweils rasch fassen müsse und sie nicht erst lang diskutieren könne. (Die Rede ist abgedruckt in Hans Rudolf Kurz: «Dokumente des Aktivdienstes», Frauenfeld, Huber 1965).

Suravas Artikel über diese Rede, in dem er die Namen ein wenig altmexikanisch getarnt hatte, begann etwa so: Im Reich

König *Demokratls* des Altmodischen hielt der Minister *Lagopizetl* eine Rede. Man war mit ihr nicht zufrieden. Zwar versicherte der Minister, er habe es nicht *so* gemeint, aber das Volk sagte: Wir hören immer «anpassen» und «den alten Menschen ablegen», und liess sich nicht beschwichtigen. So jener Artikel, einer der besten politischen Texte, die man damals lesen konnte.

Bis dahin ist alles Tatsache. Es ist auch Tatsache, dass Surava mehrmals verklagt und vor Gericht gestellt wurde. Aber: es ist falsch, zu sagen, er sei verklagt worden, *weil* er ein Feind der Nazis war. Die Klage, die gegen ihn geführt wurde, lautete auf Urkundenfälschung. Wie immer es sich mit seiner Schuld verhielt: mit seinem Kampf gegen die Nazis hatte die (viele Jahre später geführte) Klage nichts zu tun. Suravas Buch bringt zu diesem Punkt zwar die Vermutung, dass hier alte Rechnungen bezahlt werden sollten, aber keine klaren Beweise. Siehe Peter Rippmann (NZZ 1. 4. 1997).

Man verschweigt heute meist, dass Surava gegen Ende des Krieges zur kommunistischen Partei übertrat und 1945 Redaktor am «Vorwärts» wurde. Er verfeindete sich aber bald mit seinen Genossen, weil er die massenhaften Vergewaltigungen deutscher Frauen nach dem Einmarsch der Russen im Jahr 1945 – sie gingen in die Hunderttausende (vgl. «Dokumentation der Vertreibung der Deutschen aus Ost-Mitteleuropa», hg. vom Bundesministerium für Vertriebene, 1954; Nachdruck, DTV, 8 Bände, 1984) – im «Vorwärts» erwähnen und anprangern wollte, was seine Genossen nicht wollten.

Und nun zum Namensproblem. Eine Zeitung titelte beim Erscheinen seines Memoiren-Buches: «Sie nahmen ihm alles, auch seinen Namen». Dazu ist zu sagen, dass niemand ihm «seinen Namen» genommen hat. Er hatte sich den Namen Surava geborgt, und musste ihn später zurückgeben. Da sein ursprünglicher Name Peter Hirsch jüdisch klang (er war kein Jude), suchte er ein Pseudonym und glaubte in *Surava* etwas

Passendes gefunden zu haben. Aber die bündnerische Gemeinde Surava sah darin einen Missbrauch ihres eigenen Namens, und ihre Klage wurde in dritter Instanz geschützt. Die Gemeinde Surava hat dies später bedauert und ihm kurz vor seinem Tode das Ehrenbürgerrecht verliehen.

Das «Reduit-Denken»

So heisst es heute: Durch den Rückzug auf das Reduit, die Alpenfestung, machten sich die Schweizer eine Mentalität zu eigen, welche Abkapselung von den umgebenden Staaten beinhaltete.

Dem widersprechen meine eigenen Erfahrungen aufs Bestimmteste. In der Theorie mag es wohl überzeugend klingen: «Wer abgekapselt war, gewöhnt sich dran und möchte weiter abgekapselt sein.» Nach allem aber, was man praktisch erlebte, trifft das Gegenteil zu. Schon am Anfang des Krieges, immer mehr aber gegen dessen Ende, hungerte mindestens die jüngere Generation nach Öffnung und Kontakt mit dem Ausland; ein guter Teil meiner ehemaligen Schulklasse reiste nach dem Ende des Krieges aus, sobald man das wieder konnte: zwei Ölgeologen in Richtung Karibik und Südamerika, eine Ärztin nach Angola, ich etwas später nach England und Deutschland.

Worauf beruhte seinerzeit die Reduit-Idee? Angesichts der grossen militärischen Erfolge der Deutschen hielt man eine wirksame Verteidigung des gesamten schweizerischen Mittellandes nicht länger für möglich. Deshalb entschloss sich die Armeeführung im Sommer 1940, im Mittelland nur noch hinhaltend zu kämpfen; der eigentliche, haltende Widerstand sollte erst im Gebirge, in der Gegend der zentralen Pässe, geleistet werden. Diesen inneren Kern nannte man das Reduit. Das hiess nun aber nicht, dass die schweizerischen Soldaten für den Rest des Krieges nur noch dort anzutreffen gewesen wären. «Mein» Divisionskommando blieb nach wie vor in Einsiedeln, und meine Einheit, I/74, machte Dienst in allen möglichen Gegenden, u. a. im Welschland und im Engadin.

Das Reduit war also für die meisten – ausser den Gebirgsbrigaden und Festungstruppen – nur eine Möglichkeit und keine Realität. Man wusste, man konnte im Notfall darauf zurückgreifen. Dass sich daraus ein Bedürfnis nach Abkapselung vom übrigen Europa hätte ergeben sollen, ist ganz unwahrscheinlich. Im Gegenteil: Man verlangte in der Schweiz dringend eine *Öffnung* gegenüber den anderen Staaten, freilich nicht eine Öffnung im Sinne Bundesrat Pilets. Tatsächlich war der Ausdruck «Reduit-Denken» bei Kriegsende noch lange nicht im Gebrauch; er entstand erst viel später, wahrscheinlich um 1970.

Parallel zur Forderung der Öffnung gegen aussen erging übrigens der Ruf nach einer *inneren Öffnung*. Was man heute fast nicht mehr weiss: Da es vor und während dem Krieg, angesichts der rasch wechselnden Situationen, nötig wurde, rasche Entscheidungen zu fällen, wurde im Bund das *Vollmachtenregime* eingeführt: Bundesrat und Parlament entschieden endgültig. Die (zugegebenermassen langsamen) Instrumente der direkten Demokratie, Referendum und Initiative, wurden stark eingeschränkt; wenn immer ein Beschluss des Parlaments als «dringlich» erklärt wurde, wurden sie automatisch ausgeschaltet. Während der ganzen Kriegszeit gab es nur sieben eidgenössische Abstimmungen – verglichen mit neun allein im Jahre 1952. Dies führte zu einem dauernden Unmut im Volk, der gegen das Kriegsende noch wuchs: Man sollte endlich die Dringlichkeitsklausel abschaffen und den sie vertretenden «Dringlichkeitskläusen» den Meister zeigen. Es dauerte aber noch mehrere Jahre, bis sich die Bewegung –unter welscher Führung – durchsetzte und die direkte Demokratie wieder voll hergestellt war. Siehe hierüber: David

Butler and Austin Ranney (Editors): «Referendums around the World: The growing Use of Direct Democracy», London, Macmillan 1994.

16) Unser Image in Europa

Gelegentlich wird in Schweizer Medien angedeutet, wir müssten uns vor dem Ausland schämen. Das bringt uns auf die allgemeine Frage: Wie denkt man dort über uns?

Das Image der Schweiz im Ausland zu beschreiben, würde ein Buch und mehr füllen. Ich muss es hier bei einer Skizze bewenden lassen, die ich aber der Kuriosität halber schon im 16. Jahrhundert beginnen lasse.

Die frühen Beschreibungen von Schweizern meinen die alten Reisläufer: wild und grimmig, käuflich, todesmutig. Als Thomas Morus in seiner «Utopia» (1516) den hypothetischen Idealstaat beschrieb, ging er nicht nur auf Regierung, Erziehung, Frauenrechte ein, sondern befasste sich auch mit der Frage der Verteidigung. Die Utopier, zu klug und zu kultiviert zum Kriegführen, überlassen dieses blutige Geschäft einem Volk, das zu diesem Zweck gekauft werden konnte, den wilden *Zapoletes*, Menschen, die «vom Sterben leben». Es wird heute allgemein angenommen, dass damit die Schweizer gemeint sind. Hierüber und über die Geschichte des Schweiz-Bildes in England bis ins 20. Jahrhundert s. Heinrich Straumann: «Contexts of Literature: An Anglo-Swiss Approach», Schweizer Anglistische Arbeiten, Bern, Francke, 1973, mit reicher weiterer Literatur.

Im IV. Akt von Shakespeares «Hamlet» (1602) droht dem König – wer ihn kennt, wird sagen: mit Recht – eine Palastrevolution. Da lässt er seine *Switzers* kommen, also seine Leibgarde oder Wache. Auch im 17. Jahrhundert ist das Bild, das man im Ausland von den Schweizern hat, militärisch geprägt: der Schweizer als «miles gloriosus», Aufschneider, Trinker, empfindlich was seine Ehre betrifft, aber freiheitlich gesinnt und tapfer; er lebt in einer Berg-Wüstenei, die das viele Volk nur ungenügend ernähren kann. Eine vorzügliche Darstellung solcher Meinungen findet sich in Jürg Stüssi: «Das Schweizer Militärwesen des 17. Jahrhunderts in ausländischer Sicht», Diss. Zürich 1982.

Erst das achtzehnte Jahrhundert entdeckt dann die zivile Seite der Schweizer. Einerseits wird die städtische Kultur der Schweizer Aufklärung hoch geschätzt – es ist die Zeit der internationalen Grössen Bodmer, Gessner, Lavater, als für Zürich der Ausdruck «Limmatathen» aufkam (der sogar im Englischen als «Athens of the Limmat» lange gebräuchlich war). Anderseits beginnt gegen das Ende des 18. Jahrhunderts jene grosse Bewegung, die man als die europäische Romantik kennt; in ihr hat die Schweiz einen Vorzugsplatz.

Nach dem Erscheinen des einheimischen Pionierwerks, Albrecht von Hallers Riesengedicht «Die Alpen», wird die Schweiz von begeisterten Reisenden besucht und verklärt: Alle schildern die heroische oder idyllische, auf jeden Fall zauberhaft schöne Landschaft, und etliche von ihnen preisen auch das freiheitsliebende, genügsame, sittenreine Älplervolk, das in dieser wunderbaren Natur ja gar nicht anders sein kann. In dieser Reihenfolge: erstens die Landschaft, zweitens das Volk, wird die Schweiz von den grossen Rühmern poetisch dargestellt: Rousseau – dessen «Nouvelle Héloïse», europäischer Bestseller und Kultroman, in Clarens spielt – Byron, Shelley, Wordsworth, Goethe – nicht zu vergessen der begeistertste von allen: Nikolai Karamsin mit seinen «Briefen eines russischen Reisenden» (1789).

Im 19. Jahrhundert zehrt die Schweiz – sie ist ein armes, übervölkertes Land, aus dem viele auswandern müssen – immer noch von der romantischen Begeisterung. Der Tourismus setzt vehement ein; der Begriff «Playground of Europe» wird geschaffen. Aus England kommen die grossen Bergsteiger-Schriftsteller: Edward Whymper, Leslie Stephen, Gavin de Beer, Arnold Lunn. Und 1881 erscheint in der Schweiz ein

Buch, das noch einmal natürliches Leben in natürlicher Berglandschaft schildert: «Heidi» von Johanna Spyri. Wenige Schweizer wissen, dass dieses Buch ein internationaler Bestseller, ja Dauerseller ist. Es hat sich bis heute durch Schauspiel, Cartoon und Film durchgeschlagen und zeigt durchaus noch keine Alterserscheinungen. Freunde aus Hiroshima haben uns von der elementaren Begeisterung erzählt, mit der es in Japan auch heute gelesen wird, eine Begeisterung, die sich oft auf die ganze Schweiz zu übertragen pflegt.

Und nun zu unserem Jahrhundert. Nachdem das Postkartenbild langsam am Verblassen ist, beruht die Einschätzung der Schweiz (wie im 18. Jahrhundert) wieder mehr auf der intellektuellen und – was neu ist – auf der wirtschaftlichen Kapazität. Wie steht es da mit dem Ansehen der Schweiz?

Bevor wir zu Details kommen, muss von den zwei grossen Handicaps der Schweiz die Rede sein. Erstens ist da natürlich die Kleinheit der Schweiz. Was in ihr geschieht, ist nicht weltbewegend. Über einen kleinen Staat gibt es in den Medien naturgemäss nur wenig zu lesen; was allenfalls zur Sprache kommt, sind eher Kuriositäten. Daraus zu schliessen, die Schweiz werde gering geschätzt, wäre falsch; es geht hier um geringe Quantität, nicht Qualität.

Das zweite Handicap ist ebenfalls verständlich, wenn auch nicht dermassen offensichtlich. Wenn man ausländische Literatur liest – ich nenne als Beispiel die für ihre Zuverlässigkeit bekannte Literatur- und Kulturzeitschrift «The Times Literary Supplement» – erhält man als Schweizer immer wieder einen leichten Schock, wenn es etwa heisst: Der berühmte deutsche Arzt und Philosoph Paracelsus; die berühmten französischen Sprachforscher de Saussure und Gilliéron; die berühmte deutsche Mathematikerfamilie Euler; die berühmten deutschen Maler Böcklin, Hodler und Klee; der berühmte französische Architekt Le Corbusier; die berühmten deutschen Theologen Barth und Brunner; die berühmten deutschen (oder österreichischen?) Psychologen Jung und Rorschach; der berühmte deutsche Kulturhistoriker Jacob Burckhardt und sein Schüler, der Kunsthistoriker Wölfflin, der berühmte französische Autokonstrukteur Chevrolet; der berühmte englische Maler Henry Fuseli.

Nicht immer erscheinen diese Zuweisungen so direkt, wie ich sie hier dargestellt habe. Oft wird nur impliziert:: «Klee und andere Vertreter des deutschen Bauhauses», oder «Wie man bei Böcklin sieht, hat die deutsche Spätromantik...» Aber sicher ist dies: In Dutzenden von Fällen werden Künstler, Forscher und andere, die in Wirklichkeit Schweizer sind, von den schreibenden und lesenden Ausländern (stillschweigend) für Deutsche, Franzosen etc. gehalten. Das ist völlig natürlich, denn die schweizerischen Namen klingen mit wenig Ausnahmen entweder deutsch oder französisch oder italienisch. Aber es führt dazu, dass das intellektuelle und künstlerische Potential der Schweiz von den Uneingeweihten massiv unterschätzt wird. Und zwar passiert das auch Menschen von höchster Bildung. Vor einiger Zeit musste ich einen der bedeutendsten deutschen Philosophen darüber aufklären, dass Paracelsus ein Schweizer war und in der Nähe von Einsiedeln geboren ist. Zum Trost hatte ich dann kurz nachher die Gelegenheit, meine These von der «Unterschätzung aus sprachlichen Gründen» der amerikanischen Botschafterin vortragen zu können; sie war voll einverstanden und versprach, sich und vielleicht auch andere «zu bessern».

Die Folge der Unkenntnis ist das «cuckoo-clock-Syndrom». Als Harry Lime – in dem bekannten Nachkriegsfilm «The Third Man» – wegen seiner Verbrechen zur Rede gestellt wird, antwortet er sinngemäss so: «Das Wichtigste ist die Grösse»; ein grosser Verbrecher ist mehr als ein kleiner Harmloser. Seht euch die Schweizer an! Die haben nie jemandem etwas zuleide getan. Aber was haben sie hervorgebracht? Die Kukkucksuhr!» Wir, die Schweizer, wissen es zwar anders: die

Kuckucksuhr stammt aus dem Schwarzwald, und die Schweizer waren nicht immer so harmlos. Aber im Ausland, besonders in England, zitiert man nicht selten Harry Limes Ausspruch. Wenn trotz diesen beiden Handicaps doch ein beträchtlicher Respekt für die Schweiz besteht, hat er umso mehr Gewicht.

Dieser Respekt ist sicher vorhanden bei den Wissenschaftern; sie kennen das «Who's Who» ihres Faches und lassen sich vom Klang der Namen nicht täuschen. Interessant ist in diesem Zusammenhang eine Statistik über die Nobelpreisträger. Nimmt man die 19 Nobelpreise, die seit Beginn der Prämierungen an die Schweiz gingen – internationale Organisationen nicht gerechnet – so ergibt sich (angesichts der Einwohnerzahl von 6 800 000) eine «Dichte» von 1 Nobelpreisträger auf 358 000 Einwohner, wahrscheinlich die höchste Zahl von allen Ländern der Erde. Dies dürfte das Käse-Uhren-Banken-playground-Bild etwas korrigieren.

Sicher ist die Schweiz wissenschaftlich «aussen» mehr angesehen als «innen». Ich kenne das Beispiel eines Zürcher Professors, der zu Gastvorträgen an folgenden Universitäten eingeladen wurde: etwa 30 in Deutschland, 3 in der Tschechoslowakei, 9 in Japan etc. und – man freue sich – auch zu einem in der Schweiz. Natürlich ist das das bekannte Muster des Propheten im Vaterland, aber es zeigt auch die Einschätzung der Schweizer. Ein objektives Zeichen für Qualität ist der bekannte «brain drain», die in der Schweiz gefürchtete amerikanische Tendenz, gute Köpfe nach Amerika «abzuschleusen».

In diesem Zusammenhang kann man auch an die Schweizer Rektoren an deutschen Universitäten denken. Bekanntlich soll ein Rektor ein gut ausgewiesener Wissenschafter sein, Führungsqualitäten und Organisationsgabe besitzen; in den Jahren um 1968 waren zudem auch Standfestigkeit und Tapferkeit nötig. Nun gab es tatsächlich in jener kritischen Zeit an deutschen Universitäten mindestens drei Schweizer

Rektoren: Rüegg (Frankfurt), Boesch (Freiburg), Schneider (Mainz). Es ist fast, als hätte man die Zapoletes – in einer merklich verfeinerteren Form – wieder geholt. Und es gilt, was ich schon anderswo bemerkt habe: Urteile, die die Form von konkreten Massnahmen haben, haben mehr Gewicht als (unverbindliche) Aussprüche.

Im Krieg wurde die Schweiz relativ reich, weil ihre Produktionsstätten intakt waren; nach dem Krieg setzte sich der Trend fort. Es kam der Aufstieg der Schweizer Banken, und der Ausdruck «the gnomes of Zurich» bürgerte sich international ein. Wir selber verstehen unter Gnomen eher widrige und bösartige Berggeister. Als ich aber 1970 mit einem englischen Professor über dieses Wort redete, meinte er: *Gnomes* sind für uns etwas Nettes, gutartige Kobolde, die in den Höhlen unter der Erde das Gold hüten, nur selten etwas tückisch, sonst eher à la Heinzelmännchen. Glaubt ja nicht, eure Bänkler müssten beleidigt sein.

Vor der Einführung des Frauenstimmrechts auf Bundesebene (1971) wurden die Schweizer im Ausland oft wegen dieses Demokratiemangels gerügt. Allerdings wusste kaum einer von den Kritikern, dass das Stimmrecht in der Schweiz nicht wie im Ausland ein blosses Wahlrecht, sondern darüber hinaus ein Entscheidungsrecht in Sachfragen ist. Konkret gesagt: Im Ausland gehen die Stimmberechtigten einmal in vier Jahren an die Urne, in der Schweiz viermal in einem Jahr. Nur einer, ein Engländer, den ich vor zwei Jahren traf, war hierüber genau informiert und brachte es auf die einfache Formel: «You are the only real democracy.»

Ich habe ganz allgemein oft mit Ausländern gesprochen. Nach dem Krieg war ich insgesamt sieben Jahre in England und Deutschland; später führten mich längere Vortragsreisen nach der damaligen Tschechoslowakei und nach Japan. Dabei hat mich das hohe Mass von Unkenntnis – vor allem darüber, wer Schweizer ist und wer nicht – immer wieder erstaunt. Aber ich kann mich überhaupt nicht erinnern, kritische oder gar harte Urteile über die Schweiz vernommen zu haben.

Es gibt nur einige wenige Personen und Gruppen, die gegenüber der Schweiz eine kritische bis feindselige Haltung einnehmen. Das berühmte Beispiel eines einzelnen ist Stalin – sein «Grosser Vaterländischer Krieg» hatte keinen Platz für Neutralität, und das Züricher Asyl für Lenin spielte offenbar keine Rolle mehr. Wenn wir nach ganzen Gruppen suchen: Eine scharfe Schweiz-Kritik wird bis heute von denjenigen Menschen vorgetragen, die eine Beziehung zu (abgewiesenen) Flüchtlingen hatten. In der Emotion zählen Tausende von Aufgenommenen nichts gegen *einen* Abgewiesenen. Man muss diese Menschen zu verstehen suchen; ihre Haltung gegen die Schweiz ist ungerecht, aber sie sind gerechtfertigt durch ihr Leid. Vielfach hat allerdings der Zorn das Leid um Jahrzehnte überlebt.

Bis heute gibt es im Ausland viele neidvolle Anspielungen auf die reichen Schweizer und auf die Banken. Und leider sind die (immensen, staatlichen und privaten) Spendleistungen der Schweiz (heute geschätzt auf 700 Millionen im Jahr; s. «NZZ-Folio», Dez. 1995) im Ausland unbekannt. Aber von dem ganzen Komplex von schweizerischer Vergangenheitsbewältigung und Selbstanklage hörte man im Ausland *vergleichsweise* wenig – daran ändert auch das im Herbst 1996 lancierte Trommelfeuer von Anklagen aus New York nichts. Die «sündige Schweiz» ist im Wesentlichen hausgemacht.

Wenn wir nach einer deutlichen und kompetenten Aussage über das Verhalten der Schweiz während des Zweiten Weltkriegs suchen, so können wir den Ausspruch eines Mannes zitieren, der nicht nur ein Feind Hitlers war, sondern auch die nötige Übersicht hatte: Winston Churchill:

Aktennotiz

Der Premierminister an den Aussenminister

3. Dezember 1944.

Ich halte folgendes fest: Unter allen neutralen Staaten hat die Schweiz den grössten Anspruch auf Auszeichnung. Sie war die einzige internationale Macht, welche zwischen den grauenvoll zerrissenen Nationen und unserem Land eine Verbindung aufrechterhielt. Was hat es schon zu bedeuten, ob es ihr möglich war, uns die handelspolitischen Vorteile zu verschaffen, die wir wünschten, und dass sie anderseits – um überleben zu können – den Deutschen zu viele Vorteile zugestand? Sie ist ein demokratischer Staat, der in seinen Bergen zum Schutz der eigenen Grenzen für die Freiheit eintrat, und dabei – trotz ihrer ethnischen Zugehörigkeit – auf unserer Seite stand.
W.S.C.

Prime Minister to Foreign Secretary

3 Dec., 44

I put this down for the record. Of all neutrals, Switzerland has the greatest right to distinction. She has been the sole international force linking the hideously sundered nations and ourselves. What does it matter whether she has been able to give us the commercial advantages we desire or has given too many to the Germans, to keep herself alive? She has been a democratic state, standing for freedom in self-defence among her mountains, and in thought, in spite of race, largely on our side.
W.S.C.

Diese Aktennotiz ist an verschiedenen Orten abgedruckt, u. a. in dem Buch von Jon Kimche, vom dem gleich die Rede sein wird.

Hat man dies gehört, so scheint es nicht verwunderlich, dass gerade im angelsächsischen Raum zahlreiche neue Bücher über die Schweiz entstanden sind:

Jon Kimche: «Spying for Peace», London, Weidenfeld & Nicolson, 1961. Eine kurze Geschichte der Schweiz im Zweiten Weltkrieg, besonders der Entschlüsse der Armeeführung und des schweizerischen Nachrichtendienstes. Enthält ein Kapitel über das Reduit, eines über die Probleme der Neutralität. Als Motto vorausgestellt: die eben zitierte Aktennotiz Churchills. In einzelnen Details durch neuere Forschungen überholt.

John Wraight: «The Swiss and the British», Wilton, Michael Russell, 1987. Auf eine kurze Beschreibung der Schweiz folgt eine 300-seitige Chronologie der wechselseitigen Beziehungen (von Gallus und Fridolin bis 1984) und ein 60seitiges Literaturverzeichnis.

Richard Wildblood: «What Makes Switzerland Unique?», The Book Guild, Lewes, Sussex 1990. Auf die Frage: Was macht die Schweiz zum Sonderfall? wird u. a. geantwortet: Ihre Geschichte, ferner «Föderalismus», «Subsidiarität», «Miliz».

Nicholas Bouvier, G. A. Craig, L. Gossman, «Geneva, Zurich, Basel», Princeton University Press, 1994. Die grossen Städte, ihre Verschiedenheiten, was sie und die Schweiz als Ganzes zusammenhält.

David Butler and Austin Ranney (Editors): «Referendums around the World», London, Macmillan 1994. Übersicht über die verschiedenen Erscheinungsformen der direkten Demokratie rund um die Erde. Von den 300 Seiten sind 56 der Schweiz gewidmet. Von hohem Informationswert ist eine Tabelle von sämtlichen Initiativen und Referenden der Schweiz, mit Thema, Stimmenzahl, Ausgang.

17) Wie kam es zur «sündigen Schweiz»?

Die Idee der «sündigen Schweiz», die im Kriege ein «düsteres Kapitel ihrer Geschichte» geschrieben haben soll, hat es nicht immer gegeben. Sie ist, soviel ich mich erinnere, ein Kind der Sechzigerjahre.

Nach dem Friedensschluss folgte zuerst eine lange mühsame Zeit der Erholung. Ihre einzelnen Phasen wurden mir nachdrücklich vor Augen geführt, weil ich von 1948–1951 in Bristol und Cambridge, 1952–1956 in Kiel an der Ostsee lebte, und den – langsamen aber jeden Tag ein wenig fortschreitenden – Wiederaufbau mitansehen konnte. Auch in der Schweiz gab es vieles nachzuholen, mit Bauten, aber auch politisch.

Was den Rückblick und die Abrechnung mit der Kriegszeit betrifft, gilt folgendes: Vom Mai 1945 an wurde denjenigen die Rechnung präsentiert, die sich gegen die Schweiz vergangen hatten. Dies geschah sowohl illegal, indem man den als Nazis bekannten Personen die Fensterscheiben einschlug –wie 11 Jahre später nach der Unterdrückung des Ungarn-Aufstands manchen Kommunisten – als auch legal, nämlich in zahlreichen ordentlichen Gerichtsverfahren. Tatsächlich gab es vieles aufzuräumen. Es kamen dran: die subversiven rechtsextremen Gruppen, die Spione, und alle, die sich sonst vergangen hatten. Es gab einen Banken-Skandal, die Abrechnung mit den Fröntlern, den Internierungsskandal – um die 100 Personen hatten sich ungerechterweise bereichert – ferner das Problem der Entschädigung für die «Ölsoldaten» (welche durch die Verwechslung von MG-Öl mit Salatöl in einer Militärküche auf Lebenszeit gelähmt waren). Die Namen der «Zweihundert» wurden bekanntgegeben – jener gutwilligen aber fehlgeleiteten Petenten, die in der bösesten Zeit vom Bundesrat eine versöhnlichere und demütigere Haltung gegenüber Deutschland verlangt hatten. So hatte auch die Schweiz – in dem für sie üblichen kleineren Massstab – ihre «Nürnberger Prozesse» und ihre «Entnazifizierung».

Anderseits wurden Kämpfer gegen den Nationalsozialismus, die früher bestraft worden waren, so der Gustloff-Attentäter Frankfurter, teils amnestiert, teils rehabilitiert.

Etwa zehn Jahre nach Kriegsende durfte man annehmen, jetzt sei die Vergangenheit «bewältigt». Auf jeden Fall kam kein Mensch auf die Idee, es müsse zusätzlich zur staatlichen Justiz noch eine Medien-Justiz geben, welche in die offizielle Rechtspflege ergänzend oder korrigierend eingreifen sollte, indem sie weiter nach Sündern suchte.

Mich verwundert es überhaupt nicht, dass Ende der fünfziger Jahre eine grosse Anzahl Dokumente – die Zurückweisung von Juden betreffend – die in schweizerischen Archiven lagen, vernichtet wurden (Meldung NZZ 10. 11. 1995). Die heutigen «Richter» werden natürlich sagen, hier sehe man, wie die belastenden Dokumente systematisch beiseite geschafft worden seien. Für mich aber, der sich an jene Zeit erinnern kann, ist es eher ein Beweis dafür, dass man damals den – schon 15 Jahre dauernden – Prozess der Vergangenheitsklärung für abgeschlossen hielt. Nur nebenbei: Dass der *Bericht 1996* (s. oben S. 92) zwar viele neue Akten über Wegweisungen aber keine über Zulassungen zutage gefördert hat, könnte sehr wohl darauf zurückgehen, dass man in den Jahren um 1960 eher die (nicht-brisanten) Zulassungs-Akten vernichtet hat, und nicht, wie jetzt häufig behauptet wird, «das Belastende».

Nach diesem Aufräumen kam eine Zeit der Ruhe – typisch die «goldenen Fünfzigerjahre» mit ihrer ökonomischen Erstarkung, dem stetigen Reicherwerden (vieler, aber längst nicht aller). Sie war nicht so idyllisch, denn man befürchtete schon früh das, was der Festredner am 1. August 1945 in Frauenfeld, SP-Regierungsrat Schümperli sagte, und woran ich mich wörtlich erinnere: Die Logik der Dinge sei stärker als unsere Wünsche; will sagen: es könnte schon bald zu einem Krieg zwischen Osten und Westen kommen.

Erst in den Sechzigerjahren – sie fallen zusammen mit dem Mündigwerden der ersten Generation, die die Kriegszeit nicht mehr aus persönlicher Erfahrung kannte – wurde die «sündige Schweiz» langsam und dann immer schneller entdeckt.

Nach einer Vorbereitungs- und Anlaufzeit begann um die Mitte der Sechzigerjahre ein vielfältiger Prozess, eine Wende in der Wissenschaft, in den Künsten, im Verhalten der Bevölkerung und allgemein in der Auffassung von den Werten. Ihre wissenschaftliche Seite vertrat die nun vermehrt einsetzende historische Aufbereitung der Kriegsjahre.

An der Ernsthaftigkeit der meisten Werke jener Zeit ist nicht zu zweifeln. Nur: sie arbeiteten mit den damals (und zum Teil auch heute noch) üblichen Methoden. Sie hielten sich oft rein an das Schriftliche und schrieben eine Geschichte der Ämter, Verordnungen, Beschlüsse, Protokolle, statt eine Geschichte der Bevölkerung. Dies war beim wichtigen und umfangreichsten Werk, E. Bonjour: «Geschichte der schweizerischen Neutralität», kaum anders möglich, wohl aber in andern Werken. Erst nach jener Zeit hat sich in der Geschichtsforschung die Meinung durchgesetzt, es sei unbedingt nötig, dass die rein auf Schriftlichem beruhende Geschichte durch eine «oral history», eine Geschichte der Erinnerungen von Menschen aus dem Volk ergänzt werde. Noch etwas später ist dann bemerkt worden, dass auch die früher oft geschmähte Erinnerungs- oder Memoirenliteratur – zu der auch dieses Büchlein gerne gezählt werden möchte – in den Händen von sprachkritischen Historikern gute Dienste leisten kann; vgl. darüber Peter Stadler: «Memoiren der Neuzeit», Zürich, NZZ 1995.

Leider folgt auch das zentrale Kapitel des *Berichts 1996* weitgehend jenen älteren Methoden; ja in einem anderen Kapitel desselben Berichts, auf S. 197, wird geradezu davor gewarnt, der Erforschung der Meinung der Bevölkerung zu viel Gewicht zu schenken (!)

Was die Ausklammerung dieser Quellen – schriftliche und mündliche Erinnerungen aus der Bevölkerung – praktisch heisst, möge ein jüngeres Beispiel zeigen, nämlich die Schilderung des Friedenstags (8. Mai 1945) in einem Buch, das ich sonst als wertvolle Informationsquelle schätze. Breit ist dort folgendes dargestellt: Kantonale und eidgenössische Ämter, die Gemeinden und schliesslich auch die Kirchen hatten alle ihre eigenen Ideen, was zur Feier dieses Tages zu tun sei, oder sie hatten gar keine Ideen. Sie zankten sich deshalb in kleinlicher Weise herum. Das andere – wie das Volk sich freute und in ungeheurer Bewegung war, wird im Text kaum geschildert; man begnügt sich mit der Erwähnung einiger «Rauschmänner», die sich mit der Polizei herumbalgten, so dass ein fleckiges und unwürdiges Gesamtbild entsteht.

Wie es wirklich war, kann man aus solchen Schilderungen nicht erfahren. Man muss jemand fragen, der dabeigewesen ist – dann wird er erzählen, wie ich es jetzt tue: vom Posaunenchor auf dem Turm der Kantonsschule, der – fast wie vom Himmel herab – «Nun danket alle Gott» spielte, und «Allein Gott in der Höh sei Ehr», mit der schönen Strophe: «Nun ist gross Fried ohn Unterlass, All Fehd hat nun ein Ende.» Von dem gänzlich unbeschreiblichen Gefühl des Erlöstseins, der Einigkeit. Das war die Wirklichkeit, nicht das kleinliche Gezänk.

Es kommt noch etwas dazu: Eine Geschichte der Ämter, wenn sie nicht hoffnungslos langweilig werden soll, muss notwendigerweise das Gewicht nicht auf die alltägliche ruhige Routine legen, sondern auf Uneinigkeiten, Auseinandersetzungen, gegenseitiges Vorhalten von Fehlern und Skandalen. So erhalten diese gegenüber dem störungslosen und effizienten Wirken der Ämter und den Perioden der Einigkeit notwendigerweise ein zu grosses Gewicht.

Was mich an der Geschichtsschreibung befremdet, ist ihr Unwille, *Alternativszenarien* zu entwerfen. Dies geschieht vermutlich aus Vorsicht; man will nicht phantasieren. Aber (gezügelte) Phantasie ist auch ein grosser Wert. Ich habe anlässlich des Kolumbusjahres darauf hingewiesen (vgl. jetzt mein Buch «Streiflichter», S. 258), dass die neue Historie sich darauf konzentriert hat, Kolumbus Vorwürfe zu machen. Die Frage, was passiert wäre, wenn nicht er Amerika entdeckt hätte, ist meines Wissens nie diskutiert worden; sie hätte sich aber als fruchtbar erwiesen. Über den Wert von Alternativszenarien reflektiert schon, natürlich noch ohne diesen Terminus zu gebrauchen, Jacob Burckhardt (im Zusammenhang mit der Frage der «Ersetzbarkeit» grosser Menschen, «Weltgeschichtliche Betrachtungen»).

Dies ist nun ein Punkt, über den in den historisch-kritischen Aufbereitungen der Kriegszeit meist geschwiegen wird. Dabei wäre es sehr wichtig, sich etwa folgendes vorzustellen:

Was hätte geschehen können,

- wenn im Mai 1940 alle Basler in Basel geblieben wären und die Deutschen die Stadt bombardiert hätten?
- wenn wir weitere zehntausend Flüchtlinge eingelassen hätten?
- wenn die Schweizer Behörden und Zeitungen so mutig und frech gewesen wären, wie man es heute wünscht?
- wenn die Schweiz nicht neutral gewesen wäre.

Auf diese und andere Fragen ist nie eine durchdachte Antwort gegeben oder auch nur versucht worden. Allgemein leiden praktisch alle die gestrengen Kritiker an einem Mangel an

Phantasie, an einer Unfähigkeit, sich die Dinge konkret vorzustellen; man möchte ihnen mit den Worten von John Lennon immer wieder zurufen: IMAGINE!

In der Historie der Sechzigerjahre – sei sie nun offiziell oder journalistisch – entwickelte sich eine neue Tendenz. Sie war international und bestand in der «Demontage» von grossen Persönlichkeiten, die bis dahin fraglos verehrt worden waren.

Eines der ersten Opfer war Albert Schweitzer (1875–1965), der berühmte Begründer (1913) des Urwaldspitals in Lambarene. Sein Name war lange sprichwörtlich gewesen für opfervolle, völlig uneigennützige Hilfe eines Europäers für die Dritte Welt. Nun gab es plötzlich «Enthüllungen»: In seinem Spital hätte man eine grosse Unordnung feststellen müssen, und diverse andere Anklagen; ich kann mich an die Details nicht mehr erinnern, wohl aber an meinen Unmut beim Lesen.

Ein anderes, ganz unerwartetes Ziel war Winston Churchill, der «Retter Europas», der 1965 starb. Nach der glücklichen Beendigung des Krieges hatte man sich – das hörte ich von einem gut unterrichteten englischen Major – überlegt, wie man ihm wohl am besten danken könnte: Sollte man ihm ein Herzogtum geben? Oder eine Million Pfund? Er erhielt keines von beiden; im Gegenteil: Er und seine Partei wurden sogleich nach dem Kriege weggewählt. Als er dann gestorben war, kamen die «Enthüllungen»: ein Trunkenbold solle er gewesen sein (woran so viel wahr ist, dass er viel vertrug), schlimmer: er habe veranlasst, dass ein ihm unbequemer hoher polnischer Offizier mit einem Helikopter abstürzte. Und andere Gewalttaten, die nie bewiesen worden sind.

Dann kamen einige berühmte Komponisten dran, in deren Leben man plötzlich eine Reihe von dunklen Punkten gefunden zu haben behauptete. Darüber übrigens, wie man etwas andeuten (insinuieren) kann, ohne sich dafür verantworten zu müssen, s. Ilse und Ernst Leisi: «Sprach-Knigge», 3. Aufl., Tübingen 1992, S. 177.

Etwas später, 1968, wurde dann General de Gaulle, der Retter Frankreichs, von Studenten öffentlich verhöhnt.

Nochmals später kam auch General Henri Guisan (1874–1960) an die Reihe, der im Krieg die Vater- und Integrationsfigur aller Schweizer gewesen war. Man siehe etwa die detaillierten Notizen eines aktiven Guisan-Kritikers in O. F. Walters Roman: «Die Zeit des Fasans» (1988).

Die Mehrzahl dieser «Enthüllungen» kamen jeweils kurze Zeit, nachdem der Betreffende gestorben war. Und noch etwas anderes war zu beobachten: In dem Masse, wie die junge Generation die alten «Helden» vom Postament stiess, schuf sie – sozusagen zum eigenen Gebrauch – neue Helden, die nicht mehr Teil des «Establishment» sondern Aussteiger waren: man hat sie später auch als Antihelden bezeichnet: James Dean, Elvis Presley, Che Guevara, etc.

Ebenfalls um die Mitte der Sechzigerjahre bemerkte man auch im klassischen Theater ähnliche Symptome der Demontage. Die Regisseure begannen, Väter und andere Autoritätspersonen systematisch lächerlich zu machen. Während Polonius (im «Hamlet») seiner Tochter Ophelia Verhaltensratschläge gab, lächelte sie verächtlich, kämmte und probierte ostentativ eine Anzahl von Perücken, die ihr zur Auswahl vorlagen. Der Heerführer Fortinbras (am Schluss des «Hamlet»), der die «aus den Fugen geratene» Welt wieder in Ordnung bringen sollte, wurde als dicklicher Eunuch mit Fistelstimme gegeben. Sogar Wachtmeister Werner in «Minna von Barnhelm», in Lessings Text ein Wohltäter, wurde zu einer unsympathischen Figur umfunktioniert; denn schliesslich war er ja ein Militär.

Man sieht: die Söhne (und Töchter) wurden unruhig und waren immer weniger gewillt, ihre Väter und deren Wertwelt zu akzeptieren. Sie schufen (oder nahmen sich) eine ganze Anzahl neuer Freiheiten. Ganz klar sah man das erst 1968, aber es gab schon vorher deutliche Zeichen. 1964 – ich kann mich um zwei, drei Jahre täuschen aber kaum mehr – brachte gleich zwei attraktive freiheitliche Neuerungen, das «Obenohne» und «die Pille». Das erste, seit den Priesterinnen von Kreta nicht mehr dagewesen, hiess: ihr Frauen, zeigt ruhig eure Reize. Das zweite (mit nicht eindeutigen Folgen) hiess: ihr Frauen und Männer, nehmt euch ohne Furcht, was euch zusteht. Freier Sex, das «Schnuppern» auf den verschiedensten Gebieten, Drogen, Protestsongs, antiautoritäre Erziehung, all dies bedeutete neue Freiheit, Abwerfen von Zwängen, Abgehen vom Gebot der Väter.

Daraus entstand dann die 68er Bewegung, die einerseits eine politische Bewegung war – Blumenkinder, Antimilitarismus aus Amerika – aber gleichzeitig ein Aufstand der Söhne und Töchter gegen die «Väter», seien sie nun leibliche Väter, Lehrer, Professoren, Offiziere, Vorgesetzte aller Arten. Aus diesem Aufstand ergaben sich gewisse psychologische Notwendigkeiten. Wenn man den Vätern nicht mehr wie früher gehorchen wollte, so musste man, um ein schlechtes Gewissen zu vermeiden, die Berechtigung dieser Väter, Vorschriften zu machen, in Frage stellen. Die Väter mussten anfechtbar sein, etwas an ihnen, an ihrem Verhalten in der Gegenwart und notfalls in der Vergangenheit musste faul sein.

Zu diesem Thema berichtet heute Peter von Matt: «Verkommene Söhne, missratene Töchter. Familiendesaster in der Literatur», Hanser, München 1995. In einer Besprechung dieses Buches (NZZ 14. 12. 95) gibt die Rezensentin eine ganze Liste von Romanen aus der Zeit um 1968, in denen mit den Vätern (oder Müttern) abgerechnet wird: Bernward Vesper: «Die Reise», Peter Härtling: «Nachgetragene Liebe», Thomas Bernhard: «Ein Kind», Elfriede Jellinek: «Klavierstunde», Fritz Zorn: «Mars». Auffällig ist übrigens, wie viele bedeutende Schweizer Schriftsteller Vaterprobleme hatten.

In Deutschland gab es in den Jahren um 1968 eine grosse Anzahl von Twens und sogar Teens, welche «entdeckten», dass ihre Väter einst «Nazischweine» gewesen seien, und sie dementsprechend als solche bezeichneten. Eine ähnliche Tendenz, natürlich in gut schweizerischer Weise verspätet und gemildert, zeigte sich auch bei uns, zusammen mit einem ganzen Paket von neuen Verhaltensmustern, welche von Deutschland in die deutsche Schweiz importiert wurden. Frankreich und die welsche Schweiz waren zurückhaltender in dieser Art von «Vergangenheitsbewältigung».

Dieses Wort entstand um 1960 in Deutschland und wurde später in die Schweiz importiert. Es ist ein Schlagwort, über das man zu wenig nachdenkt. Wer soll was bewältigen? Die Vergangenheit kann man sicher nicht mehr ändern. Also was tun? Ich fürchte, das Wort impliziere reine Aggression. Alles sachlich registrieren – das ist nicht gemeint. Nachträglich finde ich das, was ich hier geschrieben habe, bestätigt in der «Brockhaus-Enzyklopädie» (19. Aufl., 1995, Bd. 23) unter dem Stichwort «Vergangenheitsbewältigung». Dort heisst es «Der Begriff hat tendenziell Aufforderungscharakter, ohne im einzelnen darüber Aussagen zu machen, was zu bewältigen ist, und ob... Vergangenheitsbewältigung überhaupt möglich ist.» Weiteren Aufschluss gibt jetzt das Buch von Karl-Heinz Janssen: «Die Zeit in der *Zeit*», Siedler Verlag 1995; S. 207. Aus diesem Werk über die Geschichte der berühmten Hamburger Wochenzeitung erfährt man, dass eine grosse Kontroverse um das Schlagwort «Vergangenheitsbewältigung» durch einen Artikel in der «Zeit» im Sommer 1963 ausgelöst wurde. Drei Jahre vorher – so K.-H. Janssen – hatte der Kritiker Marcel Reich-Ranicki dafür einen treffenderen Ausdruck vorgeschlagen: «Abrechnung mit der Vergangenheit»; leider hatte ihn damals niemand aufgegriffen.

Andere 68er Wörter waren: ‹Repression›, ‹faschistoid›, ‹Rassismus›, ‹Go-in›, ‹Sit-in›, ‹Teach-in›, ‹Ausserparlamentarische Opposition›, ‹Systemkritik› – beim letzteren muss ich immer daran denken, dass die Nationalsozialisten das ihnen vorausgehende Regime als ‹das System› bezeichnet haben und abschätzig von der ‹Systemzeit› sprachen – und schliesslich das ‹Establishment›, die Gesamtheit der gegenwärtig an der Macht Befindlichen, gegen die man antrat. Über die Sprachwende von 1968 und das Aufkommen von neuen, meist polemischen Begriffen, s. auch G. Stötzel u. Martin Wengeler: «Kontroverse Begriffe: Geschichte des öffentlichen Sprachgebrauchs in der Bundesrepublik Deutschland». Berlin, de Gruyter, 1995, bes. das Kapitel 10: ‹1968 als sprachgeschichtliche Zäsur›.

Mit der üblichen «schweizerischen Kulturverspätung» kam die 68er Bewegung auch in die Schweiz, als Studentenrevolte, die ich, damals Dekan der Philosophischen Fakultät I der Universität Zürich, aus nächster Nähe erlebte. Einen Bericht darüber gebe ich in dem Buch «Streiflichter», S. 32 ff.

Einige ihrer Komponenten:
Der Faschismus (womit primär der Nationalsozialismus gemeint war) wurde als logische Weiterentwicklung des bürgerlichen «Kapitalismus» aufgefasst; womit alles Bürgerliche, –und damit auch die bürgerliche Schweiz von 1939–45, als Vorstufe oder Untergattung des Faschismus interpretiert wurde.

Es herrschte – im Zusammenhang mit der amerikanischen Kampagne gegen den Vietnamkrieg – eine starke Armeefeindlichkeit und ein starker, wenn auch nicht konsequenter Pazifismus. Jede militärische Aktion – gleichgültig ob Angriff oder Verteidigung – war verpönt. Armeen waren im Prinzip faschistisch; auch die schweizerische, heute und früher. Dies galt allerdings nur für staatliche Armeen; paramilitärische (auch blutige) Aktionen von uniformierten Revolutionären wurden nicht nur gebilligt sondern verherrlicht.

Ich erinnere mich an ein Plakat, das ich eines Morgens in unserem Institut aufgehängt fand: eine Proletarierfaust durchschlägt von unten einen Schweizer Stahlhelm, dass die Splitter fliegen. Will sagen: «Wir» (offenbar die studentischen Proletarier) wehren uns gegen den Militarismus und schlagen ihn zu Fetzen. Von der etwa gleichzeitigen Zeichnung mit dem Schweizer Soldaten, der die Flüchtlingsfrau schroff zurückweist, habe ich im Kapitel «Die Flüchtlinge» berichtet.

Zum Antimilitarismus kam noch eine psychologische Erscheinung hinzu. Da die Väter und die Zwänge jetzt verpönt waren, kam die vergangene Kriegszeit mit ihren vielen Vätern und mannigfaltigen Zwängen ganz besonders schlecht weg. Die für sie typischen Erscheinungen Restriktionen, Geheimhaltung, Gehorsam, Durchhalten, Treue und anderes wurden als geradezu kriminelle Zwänge empfunden. Wer solches befohlen hatte, musste ein Faschist sein.

Die Sechzigerjahre brachten auch die Parole: «Niemals vergessen!» Verlangt oder geboten wurde und wird eine immer neue *Vergegenwärtigung* des Vergangenen, etwa in den Medien und Gedenkfeiern. 1960 lief der erste der grossen Erinnerungsfilme von Erwin Leiser an. Heute kann man keine Zeitung aufschlagen, ohne dass man auf einen Bericht über den Holocaust oder auf eine «Enthüllung» aus der Nazi-Zeit stösst.

In seiner Zürcher Europa-Rede hat Churchill – sicher kein Verdränger – schon 1946 den Standpunkt vertreten, es sei nun an der Zeit für «a blessed act of oblivion», «einen segensreichen Akt des Vergessens (oder «Verzeihens»)». Dies hat sich als wirkungslos erwiesen. Bis heute gilt das «Niemals vergessen!».

Leider mit einer wichtigen Einschränkung. Man hört praktisch nie Aufrufe, an vergangene *Guttaten* zu denken, von denen es nicht wenige gäbe. Woran erinnert werden soll, das sind entweder Greuel oder Skandale. Ausnahmen erweisen sich als scheinbar: In den Erinnerungs-Artikeln für den Juden-Retter Grüninger dominierten die Anklagen gegen seine Vorgesetzten. Sicher stehen hinter der Idee «niemals vergessen» einige gute Eigenschaften wie pädagogisches Bemühen,

Selbstkritik und Bussfertigkeit. Wenn die Vergegenwärtigung sich aber auf Böses beschränkt, überwiegen die fragwürdigen Züge, wie die voyeuristische Lust am Grässlichen, die (jeder reformerischen Justiz widersprechende) Forderung nach Vergeltung («Köpfe-rollen-sehen»), und schliesslich die Freude am Schnüffeln.

Die pädagogische Wirkung von Greueldarstellungen ist äusserst fraglich. Am Strassenrand plazierte zerschmetterte Autos tragen, wie man in Amerika herausgefunden hat, nichts zur Verkehrssicherheit bei. Und zu unserem Thema: Ich sah in der Ausstellung «Anne Frank und wir», wie eine Klasse von zwölfjährigen vom Lehrer informiert wurde: «... und als sie tot waren, haben sie ihnen die Goldzähne ausgebrochen.» Einige Schüler blickten betroffen, andere grinsten verlegen, wieder andere schienen es sichtlich zu geniessen. Ich habe noch nie jemand angetroffen, der durch die Vergegenwärtigung von Greueln ein besserer Mensch geworden wäre. Im Gegenteil: ein unreinlicher Voyeurismus ist die Folge. Gewaltszenen bleiben Gewaltszenen, ob sie nun dem Publikum in einem Spielfilm oder mit «pädagogisch-dokumentarischer» Absicht gezeigt werden. Zwar wird gern und oft gesagt, das Anschauen von Gewalt leite die eigenen Gewaltimpulse ab; sicher ist aber auch, dass man aus solchen Szenen – praktisch nur aus ihnen – lernt, «was man alles tun kann».

Ein anderer, vielleicht noch unreinlicherer Aspekt des «Niemals vergessen!» ist das beständige Schnüffeln in der Vergangenheit von Menschen, die vielleicht einmal – als zwanzigjährige und in völliger Unkenntnis dessen, was kommen würde – Sympathie für die Nazis gezeigt haben. Ein Beispiel ist mein früherer Bekannter, Prof. de M., der aus eben diesem Grunde kurz nach seinem Tode zur Unperson erklärt wurde. Das beständige Erinnern versieht die Medien immerfort mit emotionsgeladenem Material, also mit einer soliden Grundlage für «Muckraking» und Vorverurteilungen, während das andere, das «gnädige Vergessen», dafür überhaupt nichts hergibt.

Die späten 60er Jahre also lieferten die Atmosphäre, aus der die «sündige Schweiz» geboren wurde. Alles Folgende ist nur noch Konsequenz; wobei man daran denken muss, dass die Mehrheit der schweizerischen 68er, obwohl ihr direktes Ziel, die Machtübernahme an den Universitäten, nicht erreicht wurde, immer noch sehr stark sind. Sie waren engagierte und energische, zum Teil auch originelle Köpfe, vielfach mit ausgesprochener journalistisch-propagandistischer Begabung. Sie haben 1968 den Marsch durch die Institutionen angetreten, und nicht von ungefähr sitzen sie heute in grosser Zahl in Schlüsselstellen von Kirche, Recht, Schule, Universitäten und vor allem Medien. *Sie* bilden heute das Establishment.

Mit all dem will ich nicht sagen, dass wir eine Generation von besonders bösen Söhnen gehabt haben. Schliesslich ist es von jeher eine Lebensaufgabe der Söhne gewesen, ihre eigene Identität zu finden und sich von den Vätern abzugrenzen. Nicht immer geht es dabei friedlich zu. Die heutigen Väter können und müssen sich damit trösten, dass es im griechischen Mythos zu noch viel einschneidenderen Aktionen kam. Nicht zu vergessen, allerdings: Auch die Alten haben nach wie vor das Recht, sich zu äussern.

An dieser Stelle möchte ich – als Mitarbeiter am alten «Schweizer Lexikon in sieben Bänden» – noch etwas zum neuen «Schweizer Lexikon in sechs Bänden» sagen, das in den frühen neunziger Jahren herausgekommen ist. Ich habe im Verlauf dieser Arbeit sehr oft zu jenem Werk Stellung nehmen müssen und zwar meist in kritischem Sinne. Nicht etwa, weil ich es für besonders schlecht halte – im Gegenteil, es hat mir immer wieder als wertvolle Informationsquelle gedient – sondern einfach darum, weil es die gültigen Meinungen des heutigen Establishments wiedergibt.

Diese Meinungen herrschen jetzt dreissig Jahre lang. Ich meine: *Dreissig Jahre sind genug.* Wie es weiter geht, weiss niemand von uns. Aber es gibt Anzeichen.

Ein junger Dramaturg, gegenwärtig auf Stellensuche, sagt mir: «Auf den Stellen sitzen die Achtundsechziger mit ihren starren, veralteten Meinungen. Hoffentlich kommt hier bald ein Durchbruch.»

Mein sechzehnjähriger Grossneffe, Kantonsschüler, fragt mich unvermittelt: «Du, wie war das mit diesem Landigeist wirklich?»

Es gibt also Zeichen von Veränderungen. Ein Zeitraum von dreissig Jahren – eine Menschengeneration – ist vorbeigegangen, seitdem die «sündige Schweiz» erfunden wurde. In dieser ganzen Zeit hat man – offiziell und in der Mehrheit der Medien – unablässig und mit grossem Fleiss wirkliche und angebliche Sünden «der Schweiz» ausgegraben und gesammelt. Von den guten Werken wurde, wenn überhaupt, nur im Zusammenhang mit den «Sünden» und in demütig-verlegenem Ton gesprochen; man hat sie nie zum Hauptthema gemacht und ist ihnen kaum systematisch nachgegangen. Die Gerechtigkeit erfordert, dass jetzt dreissig Jahre lang alles, was die Schweiz im zweiten Weltkrieg Gutes getan hat, *mit der gleichen Sorgfalt* gesammelt und ausgewertet wird, wie bisher die «Sünden», ebenfalls in amtlichem Auftrag und mit staatlicher Finanzhilfe. Dass dies einmal geschehen wird, ist gar nicht so ausgeschlossen, denn auf jede Generation folgt eine andere, die sich in ihren Meinungen von der vorhergehenden absetzt. Wie es denn im Buch des Predigers (1.4) heisst:

«Ein Geschlecht vergeht, das andere kommt; die Erde bleibt aber ewiglich. Die Sonne geht auf und geht unter und läuft an ihren Ort, dass sie wieder daselbst aufgehe.»

Register

Abbeville 68
achtundsechziger Bewegung 173 ff.
Aggression 133
Aktivdienst 37–47
–, Gefahren 78
Alternativszenarien 170 f.
Amiens 68
Amlikon TG 109
Andersch, Alfred 97
Angriffspläne, deutsche 72 ff.
Angstbedarf 133
Antihelden 172
Antimilitarismus 173, 175
Antisemitismus 103 ff.
Arras 68
Attenhofer, Elsie 23
Ausrottungspolitik 115 ff.
AVUS 28

Bauern, Lage der 105
Bedrohungen, vermutete 63 ff.
–, wirkliche 72 ff.
Bericht 1996 92, 94 f., 167 f.
Berlin 26 f.
Bö (Carl Böckli) 16
Bombardierungen 50, 76 ff.
Bonjour, Edgar 118, 168
Brahms, Johannes 67
Bregenz, Rettung von 137
Büchner, Georg 42
Bundesversammlung 17, 126 f.
Burckhardt, Carl J. 138
Bürgerbräu-Attentat 64

Churchill, Winston 163 f., 171, 176
Clarens 154
Cornichon (Kabarett) 23
«Cuckoo-clock-Syndrom» 160

Demokratie, direkte 155 f.
Denning Report 106 f.
Deportationen 114, 122
Diggelmann, Walter 81
direkte Demokratie 155 f.
Dönhoff, Marion v. 30
Dringlichkeit 155
Durchhalten 132

Emigranten 87 ff.
Ernährung 104
Erni, Hans 151
Erschiessungen 124–128
Erwin-von-Steinbach-Preis 20
Evakuationen 56–62

Fahrende 148 f.
Faschisten 24 f.
Fermi, Enrico 33
Fernlenktechnik 28
Finanzielle Opfer 143 f., 163
Finnland 54 f.
Flüchtlinge 81–105, 163
–, Statistiken 91–100
–, Aufwendungen für 143 f.
Franco, General 11 ff.
Frank, Anne 82, 93 ff.
Frauenstimmrecht 162
Frisch, Max 8, 37–47, 48, 122

Gallarati-Scotti, Tommaso 97
Gaulle, Charles de 172
Gefahren, vermutete 63 ff.
–, wirkliche 72 ff.
Geheimhaltung 122, 128
Geschichtsschreibung 168
«Gnomes of Zurich» 162
Göring, Hermann 53
Gotthardbund 149 f.
Grüninger, Paul 82, 138, 176
Guernica 11 f.
Guggenbühl, Adolf und Helen 27
Guisan, Henri 73, 172
Gustloff, Wilhelm 22
Gute Dienste 141, 143

Haager, Landkriegsordnung 111
Häflinger, Louis 138
Hahn, Otto 33
Haller, Albrecht v. 158
Handke, Werner 43
Harvey, Lilian 25 f.
«Heidi» 159
Helvetia mediatrix 140 ff.
Hemingway, Ernest 15
Hindsight 105, 119
Hitler, Adolf 64, 74
Höhenweg 34
Holocaust 118
Hophan, Josef 65
Huggenberger, Alfred 19–23

Image im Ausland 157 ff.
Internierte 39, 108–113
Internierten-Universitäten 112 f.
Invasion der Alliierten 71

Jazz 36
Jenische 148
Juden 81–105, 114 ff.

Judenstempel 102
Jungk, Robert 85

Kinder der Landstrasse 148 f.
Koestler, Arthur 15
Kolumbus, Christoph 170
Konstanz, Rettung von 136 f.
Kriegsgefangene 141
Kristallnacht 98, 115

Laett, A. 139
Lager, für Flüchtlinge 101
–, für Internierte 108 ff.
–, in Deutschland 114 ff., 122
Landesausstellung (Landi) 32–36
Landesverrat 124–128
Langhoff, Wolfgang 115
Leeb, Wilhelm v. 74
Legion Condor 11
Leip, Hans 29
Leiser, Erwin 176
Lévy, Ernst 86, 101
«Lili Marleen» 29
Limmatathen 158
List, Wilhelm 74
Ludwig-Bericht 92, 95, 99
Luftkämpfe 48–55
Lutz, Carl 137 f.

Mangel 104
Maquis 137
März-Alarm 71
Meitner, Lise 33
Menges, Wilhelm v. 75 f.
Menschenrechte 7, 83, 145
Meyer, Karl 23
Mentalität, in der Kriegszeit 129–134
Minen 79

Morus, Thomas 157
Müller, Jakob 20 ff.

«Nation» (Zeitung) 151 f.
Neutralität 146
Nobelpreise, Statistik der 161

«Oben ohne» 173
Olympische Spiele 26 f.
Orwell, George 15
Owens, Jesse 26

Passeure 97 f., 139
Pauli, Wolfgang 98
Pestalozzidorf 144
Pfeffermühle (Kabarett) 22
Pilet-Golaz, Marcel 152
«Pille» 173
Plan Wahlen 150 f.
«political correctness» 130

Raggenbass, Otto 136 f.
Raketentechnik 28
Raubgold 145
Raymond, Frédéric 96
Reduit, 70, 154 f.
Reduit-Denken 154 f.
Reichskristallnacht 98, 115
Rorschach, Brief aus 119 ff.
Rotes Kreuz 140 ff.
Rousseau, Jean-Jacques 158
Rückweisungen 92 ff., 100, 104
Russland, Einmarsch in 70

Saboteure 49, 53, 69, 96
Salinger, Jerome D. 131
Salis, Jean-Rodolphe v. 118, 139 f.
Schaarenwald 79

Schlager 26, 29
Schrämli, Ernst 124 f., 128
Schutzmacht, Schweiz als 142 f.
–, Kosten 143, 146
Schweitzer, Albert 171
Schweizer Spende 143 f., 146
Shakespeare, William 133 f., 157
Singen, Rettung von 137
soziale Sicherheit 132
Spanienfahrer 11 ff.
Spanischer Bürgerkrieg 11 ff.
Spenden 143 f., 146, 163
Stalin, Josef 163
Stauffer, Teddy 36
Steinen SZ 133
Stucki, Walter 137
Suchdienst 141
Sündenbockprinzip 83
Surava, Peter 151 ff.
Sustenstrasse 111

«Tannenbaum», Operation 73
Täuschungsmanöver 68 ff.
Transparenz 128, 134
Treue 131

Utopia 157

Vaterprobleme 173
«Vergangenheitsbewältigung» 174 f.
Vichy 137
Vollmachtenregime 155
«Vorwärts» (Zeitung) 153

Wahlen, F. T., Bundesrat 150 f.
Walter, Otto F. 126 f., 150, 172
Wandervogel 25
Wegmann, Lienhard 32
Wesley, Mary 14

Wiechs 72
Wildi, Max 113
Wilson-Kammer 32
Wissensstand 114 ff.

Zapoletes 157, 162
Zeppelin 28
Zigeuner 148
Zollinger, Albin 78
Zufriedenheit 130